PAROLE E IMMAG

corso per principia

Giovanni Battaglia   Giovanni Varsi

PAROLE
E
IMMAGINI

illustrazioni di Luigi De Simoni

5ª Edizione

Bonacci editore

Printed in Italy

Bonacci editore

Via Paolo Mercuri, 8 - 00193 Roma
(ITALIA)
Tel. 06/68.30.00.04 - Telefax 06/68.80.63.82

PREMESSA

Questo nuovo testo di lingua italiana per stranieri è frutto della nostra esperienza d'insegnamento all'estero, impartito a gruppi non omogenei di allievi, diversi per estrazione sociale, cultura di base, età e motivazioni di apprendimento. Benché si possa dire che è un testo più «suggerito» dagli allievi che «scritto» da noi, vogliamo rilevare che nella sua compilazione si è tenuto conto di alcuni notevoli sviluppi della glottodidattica raggiunti negli ultimi anni.

In un campo tanto complesso, com'è quello dell'insegnamento e dell'apprendimento di una seconda lingua, non sempre risultano apprezzabili le nuove proposte di metodi sorprendenti e miracolistici, che derivano spesso da teoriche «novità» destinate a mostrare evidenti limiti nel giro di poco tempo.

Per noi, che non abbiamo la pretesa di proporre un metodo nuovo, resta sempre valido e insostituibile il contatto con gli allievi che suggeriscono al docente qual è il metodo più efficace. Abbiamo lavorato all'insegna della concretezza e della semplicità, presentando il materiale con gradualità costante soprattutto nelle prime lezioni, allo scopo di condurre l'allievo ad impadronirsi della nuova lingua senza sforzi eccessivi. Perciò il testo è ricco di illustrazioni che hanno una funzione integrante e determinante nell'economia del lavoro, come quelle che dando una spiegazione «visiva» evitano all'allievo di ricorrere alla traduzione nella propria lingua.

Per quanto riguarda la mediazione del materiale linguistico si è badato quasi costantemente a inserire vocaboli e strutture in un contesto facile o già noto per favorire nell'allievo l'arricchimento del lessico e l'avviamento alla formulazione di frasi per la conversazione sugli argomenti più comuni.

In ogni lezione vengono proposti degli esercizi (che potremmo chiamare «tradizionali»), intesi a sollecitare una collaborazione attiva da parte dell'allievo adulto che non si limiti ad una meccanica ripetizione di vocaboli e frasi, ma lo impegni fino alla totale comprensione del testo. In seguito, alla fine della lezione, vengono presentati degli esercizi (che potremmo chiamare «strutturali»), intesi a favorire la memorizzazione e il rinforzo del materiale linguistico mediato.

La divisione in lezioni ha soltanto una giustificazione pratica e sarà l'insegnante a ripartire la materia in «unità didattiche» secondo le necessità della clas-

se affidatagli. Viene accuratamente evitata la presentazione di nomenclature e liste di vocaboli. I nuovi argomenti vengono proposti in una situazione che pone l'allievo davanti ad una realtà che si può verificare nella vita di tutti i giorni.

*Pur con le inevitabili correzioni ed eccezioni, si è voluto tener conto dell'**indice di frequenza** nell'impiego dei vocaboli, tutti della lingua comunemente parlata oggi in Italia. Alla fine del corso si disporrà di circa 2000 vocaboli sufficienti per affrontare una conversazione su un argomento comune o per capire in gran parte una pagina facile di giornale o di un libro. Primo traguardo per ulteriori progressi nella conoscenza della lingua straniera.*

GLI AUTORI

AVVERTENZA

Per una corretta lettura, tenendo presente che nella maggior parte delle parole italiane l'accento tonico cade sulla penultima sillaba, si mette un puntino sotto la vocale tonica delle parole sdrucciole e bisdrucciole ed anche nelle parole nelle quali il raggruppamento delle vocali può far nascere dei dubbi sulla corretta pronuncia.

Esempi: *matita - felicità - anima - fabbricano - eroe - orologio - sarai.*

Lezione prima

«Che cosa è? - Che cos'è?»

Che cosa è questo?   Questo è un tavolo

un tavolo

1 tavolo
un tavolo

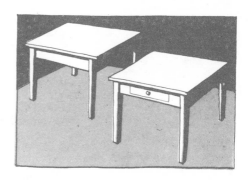

2 tavoli
due tavoli

Che cos'è questo?   (Questo) è un libro
Che cos'è questo?   E' un libro
È un libro?   Sì, è un libro

1 libro
un libro

2 libri
due libri

il tavolo   i tavoli   il libro   i libri

7

Il libro è sopra il tavolo
sopra = su
sopra il = (su+il) = sul

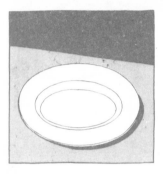

1 piatto
un piatto

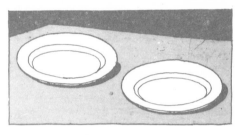

2 piatti
due piatti

il piatto   i piatti

Dove è (=dov'è) il libro?   Il libro è sul tavolo
                                  È sul tavolo

I libri sono **sul** tavolo
I libri sono **sopra il** tavolo

Dove sono i libri?   I libri sono sul tavolo

il libro   i libri
il tavolo   i tavoli

il gatto

i gatti

Il gatto è **sotto** il tạvolo

Dov'è il piatto? Il piatto è **sopra** il tạvolo

Dov'è iḷ gatto? Il gatto è **sotto** il tạvolo

sopra ⟷ sotto

I nụmeri

0	1	2	3	4	5	6	7	8	9	10
zero	uno	due	tre	quattro	cinque	sei	sette	otto	nove	dieci

9

Che cos'è questo?   È un quaderno
È un libro?   No, non è un libro,
                    è un quaderno

1 quaderno
un quaderno

3 quaderni   tre quaderni

il quaderno   i quaderni

Il libro + il quaderno sono sul tavolo
Il libro **e** il quaderno sono sul tavolo

un giornale
il giornale

un bicchiere
il bicchiere

un cane
il cane

risposta   *domanda*

Questo è un giornale   Che cos'è questo?
Sí, è un giornale   È un giornale?

Questi sono due giornali
Sí, sono due giornali

Che cosa sono questi?
Sono due giornali?

il giornale – i giornali   il bicchiere – i bicchieri   il cane – i cani

Il cane è un animale
Il gatto è un animale

Il cane e il gatto sono animali

Dove sono il cane e il gatto?
Il cane e il gatto sono sotto il tavolo

l'orologio (lo orologio)

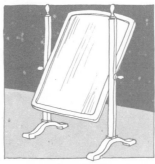

lo specchio

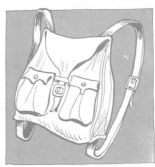

lo zaino

11

gli orologi

gli specchi

gli zaini

l'albero (lo̷ albero)

lo studente

l'uccello (lo̷ uccello)

gli alberi

gli studenti

gli uccelli

Esercizio - Scrivere le domande.

Esempio: 1) Questo è un bicchiere   Che cos'è questo?
          2) Sí, è un piatto   È un piatto?

risposta		*domanda*
1. Questo è un bicchiere	1.	
2. Sí, è un bicchiere	2.	
3. Sí, sono due bicchieri	3.	
4. Questi sono tre piatti	4.	
5. No, non è un giornale	5.	
6. Sí, sono due libri	6.	
7. Questo è un tavolo	7.	
8. Il libro e il quaderno sono sul tavolo	8.	
9. Il giornale è sul libro	9.	
10. Il piatto è sul tavolo	10.	
11. No, non sono due quaderni	11.	
12. Sono due giornali	12.	
13. Il gatto è un animale	13.	
14. No, non è un cane	14.	
15. Sí, è un animale	15.	
16. Il cane e il gatto sono sotto il tavolo	16.	
17. Gli uccelli sono sull'albero	17.	
18. Sí, è uno zaino	18.	
19. Questo è l'orologio	19.	
20. Sí, è lo studente	20.	

Esercizio - Completare le frasi con: **questo, questi, un, è, sono, non, no**
       (Esempio: Questo è – tavolo; Questo è **un** tavolo)

1. Questo è – tavolo
2. Questo – – piatto
3. – è – bicchiere
4. No, non – due giornali
5. Questi – due piatti
6. –, non è – quaderno
7. Sí, sono – libro e – giornale
8. Sí, – tre giornali
9. – sono quattro tavoli
10. – è – quaderno; è un libro
11. Questi – un cane e un gatto
12. – sono un gatto e un cane
13. Questo è – animale
14. Questi – due animali
15. – non sono tre cani; sono tre gatti
16. – sono tre bicchieri e questo – un piatto

Esercizio - Rispondere *alle* domande (alle = a+le)
(Esempio: Dov'è il libro? — Il libro è sul tavolo)

1. Dov'è il libro?

. . . .

Dov'è il gatto?

. . . .

2. Dov'è il piatto?

. . . .

Dov'è il cane?

. . . .

3. Dov'è il bicchiere?

. . . .

Dov'è il giornale?

. . . .

4. Dove sono il piatto
   e il bicchiere?

Dove sono il
cane e il gatto?

. . . .

5. Dove sono il libro
   e il quaderno?

Dove sono il
cane e il gatto?

. . . .

Dov'è l'uccello?

. . . .

Dov'è lo specchio?

. . . .

Esercizio

Completare le frasi

(Esempio: Dove — i piatti? **Dove sono i piatti?**)

1. Dove — i piatti?
2. Il bicchiere — sul piatto
3. — piatto è sopra — tavolo
4. I giornali — sui (=su+i) libri
5. Il libro e — quaderno sono
   sul giornale
6. Il bicchiere e il piatto — sul tavolo
7. Il giornale — sopra il (=sul) libro
8. Dove — il cane e il gatto?

9. Dove sono — libri e — quaderni?
10. Dove — — giornali?
11. Dov' — il bicchiere?
12. Dov' — — piatto?
13. Il quaderno — sul giornale

14. I piatti e i bicchieri — sui tavoli
15. — cane e — gatto — animali
16. Questi non — libri, sono quaderni

Esercizio

Scrivere i numeri da **zero** a **dieci** in lettere

(Esempio: Zero, uno, due, ...)

| 0 | 1 | 2 | 3 | 4 | 5 | 6 | 7 | 8 | 9 | 10 |

....

Esercizio - Che cosa sono? (Completare le frasi)

Esempio:

Questi sono — —
Questi sono due bicchieri

Questi sono — —

Questi — quattro —

Questi sono – –

Questi – un – e un –

Questi – – –

Questo è – –

Questo è – –

Questo – un –

Questo – un –

Questi – un – e un –

su + il = **sul**

su + i = **sui**

17

Un libro   dei libri   Uno studente   degli studenti

Io sono (uno) studente
Tu sei ....
Egli (lui) è ....

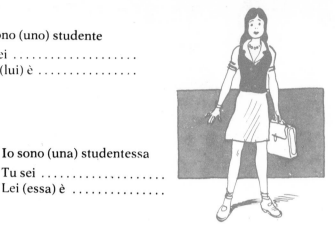

Io sono (una) studentessa
Tu sei ....
Lei (essa) è ....

una studentessa   **delle studentesse**

Noi siamo (degli) studenti
Voi siete ....
Essi sono ....

Noi siamo (delle) studentesse
Voi siete ....
Esse sono ....

Io ho un libro e un giornale
Tu hai ....
Egli (essa) ha ....

Noi abbiamo un cane e un gatto
Voi avete ....
Essi (esse) hanno ....

Presente indicativo di **Essere** e **Avere**

Io sono	ho
Tu sei	hai
Egli (essa) è	ha
Noi siamo	abbiamo
Voi siete	avete
Essi (esse) sono	hanno

Esercizi integrativi

1. Stimolo   (S)   Questo è un bicchiere

   Risposta   (R)   Questi sono dei bicchieri

Questo è un piatto   Questo è un gatto
Questo è un giornale   Questo è un tavolo
Questo è un libro   Questo è un quaderno
Questo è un cane   Questo è un numero

2. S.   Questo è un quaderno
   R.   Questo non è un quaderno

Questo è un orologio   Questo è uno specchio
Questo è un cane   Questo è un albero
Questo è un giornale   Questo è un bicchiere
Questo è uno studente

3. S.   Questo è un albero
   R.   Questi sono degli alberi

Questo è un animale   Questo è uno studente
Questo è uno zaino   Questo è uno zero
Questo è uno specchio   Questo è un orologio
Questo è un uccello

4. S. a) Dov'è il piatto?   b) Dov'è lo studente?
   R.   Dove sono i piatti?   Dove sono gli studenti?

Dov'è il giornale?   Dov'è lo zaino?
Dov'è lo specchio?   Dov'è il bicchiere?
Dov'è l'albero?   Dov'è il libro?
Dov'è il gatto?   Dov'è l'orologio?

19

5. S. a) Sí, è un animale   b) Sí, è uno specchio

    R.   No, non è un animale   No, non è uno specchio

Sí, è un piatto	Sí, è uno zero
Sí, è un cane	Sí, è un uccello
Sí, è un quaderno	Sí, è un gatto
Sí, è uno studente	Sí, è uno studente

6. S. a) Il cane è sotto il tavolo; il gatto è sotto il tavolo

    R.   Il cane e il gatto sono sotto il tavolo.

    S. b) Il cane non è sopra il tavolo; il gatto non è sopra il tavolo

    R.   Il cane e il gatto non sono sopra il tavolo.

Il piatto è sul tavolo; il bicchiere è sul tavolo
Il piatto non è sotto il tavolo; il bicchiere non è sotto il tavolo
Il quaderno è sul giornale; il libro è sul giornale
Il quaderno non è sotto il giornale; il libro non è sotto il giornale
Il cane è sotto l'albero; il gatto è sotto l'albero
Il cane non è sull'albero; il gatto non è sull'albero
L'orologio è sullo zaino; lo specchio è sullo zaino
L'orologio non è sotto lo zaino; lo specchio non è sotto lo zaino.

7. S. a) Che cosa è lui?   S. b) Che cosa sei tu?

    R.   Lui (egli) è (uno) studente.   R.   Io sono (uno) studente,

                                               (una) studentessa

Che cosa siete voi?	Che cosa sono essi?
Che cosa è Lei?	Che cosa sono io?
Che cosa è lei (essa)?	Che cosa sono esse?
Che cosa siamo noi?	Che cosa siamo noi?

8. S. Che cosa avete voi?/Libro e giornale

    R. Noi abbiamo un libro e un giornale

Che cosa hai tu?/libro	Che cosa ha lui (essa, lei)?/specchio?
Che cosa abbiamo noi?/cane e gatto	Che cosa ha Lei?/specchio
Che cosa hanno esse (essi)?/zaino	Che hanno Loro?/zaino
Che cosa ho io?/quaderno	Che cosa avete voi?/giornale

Lezione seconda

domanda	*risposta*

Che cos'è questa?   Questa è una porta
                                    È una porta
È una porta?   Sí, è una porta

la porta

È una sedia?   Sí, è una sedia

la sedia

E questa che cos'è?   Questa è una finestra
                                     È una finestra
È una porta?   No, non è una porta,
                                     è una finestra

la finestra

Questa è una finestra
questa: *vicino*

21

Quella è una porta
quella: *lontano*

vicino ⟷ lontano

Queste sono due finestre

Quelle sono due porte

Questa - Queste
Quella - Quelle

la penna   la bottiglia   la chiave   la scala

tre penne

cinque bottiglie

quattro chiavi

due scale

la forchetta

il coltello

il cucchiaio

Quelli sono
due coltelli

Queste sono
quattro forchette

l'arancia   un'arancia

Queste sono tre arance

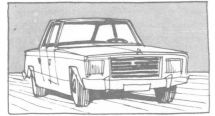
l'automobile   un'automobile

Quelle sono due automobili

Dov'è la bottiglia?
La bottiglia è sul tavolo

La bottiglia
non è sul tavolo
La bottiglia
è **sulla** sedia

sulla = su + la

Il gatto è
sulla sedia

I gatti sono
sulla sedia

Il cane e il gatto sono
sotto la sedia

Questo è un
giovane
Questo è un
ragazzo

Questi sono
due giovani
Questi sono
due ragazzi

un giovane = un ragazzo

un bambino

tre bambini

Quello è un bambino

Quelli sono tre bambini

il giovane è grande
il ragazzo è grande
il bambino è piccolo

i giovani sono grandi
i ragazzi sono grandi
i bambini sono piccoli

Questa è una giovane

Questa è una ragazza

Queste sono
tre giovani

Queste sono
tre ragazze

una giovane
una ragazza

una giovane = una ragazza

La giovane è grande
la ragazza è grande
la bambina è piccola

le giovani sono grandi
le ragazze sono grandi
le bambine sono piccole

Quella è una bambina

Quelle sono due bambine

25

Quel tavolo è
piccolo

Questo tavolo
è grande

Quello è un tavolo piccolo

Questo è un tavolo grande

Questo è un cucchiaio grande

Quello è un cucchiaio piccolo

un cucchiaio piccolo è un cucchiaino

Questa sedia
è grande

Quella sedia
è piccola

Questa è una sedia grande

Quella è una sedia piccola

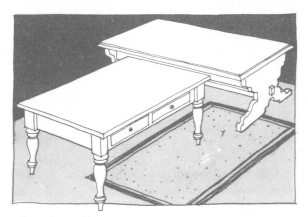

Questi tạvoli
sono grandi

Questi sono tạvoli grandi

Quei tạvoli
sono pịccoli

Quelli sono tạvoli pịccoli

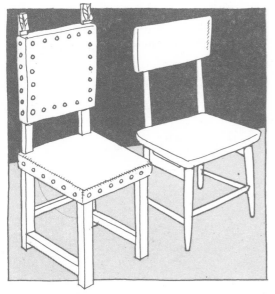

Queste sẹdie
sono grandi

Queste sono sẹdie grandi

Quelle sẹdie
sono pịccole

Quelle sono sẹdie pịccole

grande ⟷ pịccolo
grande ⟷ pịccola

grandi ⟷ pịccoli
grandi ⟷ pịccole

27

Quello è un ragazzo alto
Quel ragazzo è alto

Quella è una ragazza alta
Quella ragazza è alta

Questo ragazzo è basso
Questo è un ragazzo basso

Questa ragazza è bassa
Questa è una ragazza bassa

alto ⟷ basso   alti ⟷ bassi
alta ⟷ bassa   alte ⟷ basse

Il libro è aperto

La finestra è aperta

Il libro è chiuso

La finestra è chiusa

aperto ⟷ chiuso   aperti ⟷ chiusi
aperta ⟷ chiusa   aperte ⟷ chiuse

Questo è un uomo

Quest'uomo è alto

Questa è una donna

Questa donna è bassa

Un cucchiaio piccolo è un **cucchiaino**
Un coltello piccolo è un **coltellino**
Una forchetta piccola è una **forchettina**
Un piatto piccolo è un **piattino**
Un tavolo piccolo è un **tavolino**
Un gatto piccolo è un **gattino**
Un cane piccolo è un **cagnolino**
Un ragazzo piccolo è un **ragazzino**
Un bicchiere piccolo è un **bicchierino**
Un uccello piccolo è un **uccellino**
Una ragazza piccola è una **ragazzina**

Esercizio
    Mettere «questo» o «questi», «quella» o «quelle» davanti ai seguenti nomi:
    (Esempio: ...... bambino, **questo** bambino; ...... porte, **quelle** porte)

1. . . . . bambine   2. . . . . porte

29

3.	. . . . ragazzi	18.	. . . . quattro sedie
4.	. . . . chiave	19.	. . . . donna
5.	. . . . bambini	20.	. . . . cinque giornali
6.	. . . . due finestre	21.	. . . . quattro gatti
7.	. . . . giornale	22.	. . . . cane
8.	. . . . tre penne	23.	. . . . quaderni
9.	. . . . uomo	24.	. . . . scale
10.	. . . . scala	25.	. . . . giovani
11.	. . . . tavoli	26.	. . . . sedia
12.	. . . . libro	27.	. . . . piatto
13.	. . . . bambine	28.	. . . . gatto
14.	. . . . bottiglia	29.	. . . . forchetta
15.	. . . . bicchiere	30.	. . . . coltelli
16.	. . . . piatti	31.	. . . . cucchiaio
17.	. . . . porta	32.	. . . . cucchiaini

il cane	lo specchio	lo zaino
quel cane	quello specchio	quello zaino
i cani	gli specchi	gli zaini
quei cani	quegli specchi	quegli zaini

Esercizio

Mettere «questa» o «queste», «quel» o «quei», «quello» o «quegli» davanti ai seguenti nomi:

(Esempio: .... chiave, **questa** chiave; .... libri, **quei** libri; .... specchio, **quello** specchio ecc.)

1.	. . . . chiave	13.	. . . . penne
2.	. . . . libri	14.	. . . . zero
3.	. . . . specchio	15.	. . . . ragazzo
4.	. . . . bottiglia	16.	. . . . finestra
5.	. . . . giornale	17.	. . . . tavolo
6.	. . . . zaini	18.	. . . . giovani
7.	. . . . gatto	19.	. . . . specchi
8.	. . . . bicchiere	20.	. . . . donna
9.	. . . . bicchieri	21.	. . . . forchetta
10.	. . . . scala	22.	. . . . coltello
11.	. . . . piatti	23.	. . . . cucchiai
12.	. . . . sedia	24.	. . . . cucchiaino

Esercizio

Completare le frasi con: **sul, sui, sullo, sulla, sulle, è, sono:**
(Esempio: La donna è — scala; La donna è **sulla** scala)

1. La donna è — scala
2. La bambina — sulla sedia
3. Le chiavi — — sedia
4. Le chiavi — — libro
5. La chiave — — tavolo
6. La penna e il libro — sul tavolo
7. Il libro e il quaderno — — tavolo
8. I bicchieri — — piatto
9. I piatti — — tavolo
10. I libri — — tavoli
11. I quaderni sono — libri
12. Le donne — — scale
13. I giornali — — finestra
14. Le penne — — libri
15. I gatti non sono — sedia
16. Il cane — — scala
17. I cani non — sotto la sedia
18. Il gatto non — sotto la sedia
19. Il bambino — — scale
20. Lo specchio — — tavolo
21. Le forchette sono — piatto
22. Il coltello e la forchetta non — sul tavolo
23. Il cucchiaio non — sul piatto
24. Il cucchiaino e il cucchiaio sono — tavolo

Esercizio

Completare le frasi con: **il, l', i, la, le, è, sono:**
(Esempio: — porta — aperta; **la** porta **è** aperta)

1. — porta — aperta
2. — finestra — chiusa
3. — libro — aperto
4. — porte — chiuse
5. — libri — grandi
6. — quaderni — piccoli
7. — tavolo — alto
8. — sedie — basse
9. — cane — grande
10. — donna — bassa
11. — bottiglie — grandi
12. — bicchieri — piccoli
13. — ragazzo — alto
14. —bambino — basso
15. — ragazzi — alti
16. — bambine — basse
17. — libri — aperti
18. — tavoli — alti
19. — gatto — piccolo
20. — uomo — alto
21. — cucchiaini — piccoli
22. — cucchiai — grandi
23. — forchetta — grande
24. — coltello — grande

Esercizio

Mettere al plurale:
(Esempio: La porta è aperta; Le porte sono aperte)

1. La porta è aperta
2. La bottiglia è grande
3. La sedia è bassa
4. Il cane è sotto il tavolo

5. Il gatto è sulla sedia
6. Il quaderno è sotto il giornale
7. La giovane è alta
8. Questo cane e quel gatto
9. Quel giornale e questo libro
10. Questa chiave e quella porta
11. Il bambino è piccolo
12. La scala è alta
13. Il bicchiere è sul piatto
14. La finestra è chiusa
15. Il giornale è sul libro
16. La chiave è sul libro
17. Il bambino è sulla scala
18. Quel giovane è grande
19. Quella penna e questo quaderno
20. Quel piatto e questo bicchiere
21. Quel cucchiaio e quella forchetta
22. Quel coltello e quel cucchiaino

Esercizio

Mettere al singolare:
(Esempio: Le chiavi sono sulle sedie; La chiave è sulla sedia)

1. Le chiavi sono sulle sedie
2. Le porte sono chiuse
3. Queste bottiglie sono piccole
4. Quei cani e questi gatti
5. Queste penne e quei quaderni
6. I bicchieri sono sui piatti
7. Quelle donne sono alte
8. I cani e i gatti sono sotto i tavoli
9. I giornali, i libri e i quaderni
10. Le scale, le porte e le finestre
11. I libri sono sotto questi giornali
12. Quei bambini sono alti
13. Quelle scale sono alte
14. Quei bicchieri sono grandi
15. Le finestre sono aperte
16. I piatti sono sui tavoli
17. I gatti e i cani sono sotto le sedie
18. Queste donne sono basse
19. I tavoli, i piatti e i bicchieri
20. Le bottiglie sono aperte
21. I coltelli, le forchette e i cucchiai
22. I cucchiai e i cucchiaini.

Esercizio

Mettere l'articolo **il, i, la, le, un, una,** davanti ai nomi seguenti:
(Esempio: ... tavolo; **il** tavolo, **un** tavolo ... quaderni; **i** quaderni ... porta; **la** porta, **una** porta).

1. ... tavolo
2. ... quaderni
3. ... porta
4. ... penna
5. ... bicchieri
6. ... giovane
7. ... ragazzo
8. ... libro
9. ... sedia
10. ... giornali
11. ... gatto
12. ... scale
13. ... bambini
14. ... donna
15. ... finestre
16. ... piatto
17. ... bottiglie
18. ... cani
19. ... chiave
20. ... bambina
21. ... ragazzo
22. ... forchetta
23. ... coltelli
24. ... cucchiaio

I.   Il professore **entra** in classe, **saluta** gli allievi, **apre** il libro e **legge** un esercizio facile. Gli allievi **ascoltano**, ma ancora non **capiscono** tutte le parole.

II. Io **entro** in classe, **saluto** gli allievi, **apro** il libro e **leggo** un esercizio facile. Voi **ascoltate**, ma ancora non **capite** tutte le parole.

III. Lei, professore, **entra** in classe, **saluta** noi allievi, **apre** il libro e **legge** un esercizio facile. Noi **ascoltiamo**, ma ancora non **capiamo** tutte le parole.

Il professore	**entra** in classe	(verbo **entrare**)
	saluta gli allievi	(verbo **salutare**)
	apre il libro	(verbo **aprire**)
	legge un esercizio facile	(verbo **leggere**)
Gli allievi	**ascoltano**	(verbo **ascoltare**)
	ma ancora non **capiscono**	(verbo **capire**)
	tutte le parole	

l'allievo = lo studente   gli allievi = gli studenti
l'allieva = la studentessa   le allieve = le studentesse

PRESENTE INDICATIVO DELLE TRE CONIUGAZIONI REGOLARI

I .....ARE	II ....ERE	III ....IRE	
Salut-are	Legg-ere	Apr-ire	Cap-ire
Io salut-o	legg-o	apr-o	cap-isc-o
Tu salut-i	legg-i	apr-i	cap-isc-i
Egli Essa salut-a	legg-e	apr-e	cap-isc-e
Lei salut-a	legg-e	apr-e	cap-isc-e
Noi salut-iamo	legg-iamo	apr-iamo	cap-iamo
Voi salut-ate	legg-ete	apr-ite	cap-ite
Essi Esse salut-ano	legg-ono	apr-ono	cap-isc-ono
Loro salut-ano	legg-ono	apr-ono	cap-isc-ono

Esercizi integrativi

1. S. Questa è una porta
   R. No, quella non è una porta

Questa è una finestra	Questa è una penna
Questa è una sedia	Questa è una scala
Questa è una chiave	Questa è un'arancia
Questa è una bottiglia	Questa è un'automobile

2. S. Sono delle bottiglie quelle?
   R. No, queste non sono delle bottiglie

Sono delle arance quelle?	Sono delle sedie quelle?
Sono delle bambine quelle?	Sono delle forchette quelle?
Sono delle ragazze quelle?	Sono delle penne quelle?
Sono delle finestre quelle?	Sono delle studentesse quelle?

3. S. Quello è un ragazzo alto
   R. Sí, quel ragazzo è alto

Quello è un giovane alto	Quello è un cane basso

Quello è un bambino piccolo
Quello è un professore alto
Quello è un cucchiaio piccolo

Quello è un bicchiere grande
Quello è un coltello piccolo
Quello è un tavolo basso

4. S. Quelli sono dei ragazzi alti
   R. No, quei ragazzi non sono alti

Quelli sono dei giovani alti
Quelli sono bambini piccoli
Quelli sono dei professori alti
Quelli sono dei coltelli piccoli

Quelli sono dei cani bassi
Quelli sono bicchieri grandi
Quelli sono dei piatti piccoli
Quelli sono dei tavoli bassi

5. S. Quell'animale è basso
   R. Quegli animali sono bassi

S. Quello zaino è aperto
R. Quegli zaini sono aperti

Quell'albero è alto
Quell'esercizio è facile
Quell'allievo è lontano

Quell'orologio è piccolo
Quello studente è alto
Quello specchio è grande

6. S. Il giornale è aperto/chiuso
   R. Ora il giornale è chiuso

La casa è chiusa/aperta
I libri sono aperti/chiusi
La finestra è chiusa/aperta
Il quaderno è aperto/chiuso

Le porte sono aperte/chiuse
L'automobile è chiusa/aperta
Le bottiglie sono chiuse/aperte
Gli zaini sono aperti/chiusi

7. S. Io entro in classe/Noi
   R. Noi entriamo in classe

Io leggo il giornale/Il professore
Io non capisco questo libro/Essi
Io apro questa porta/Lei
Io non ascolto tutte le parole/Essi

Io chiudo le finestre/I ragazzi
Dove entro io?/Lui
Che cosa ho io?/Voi
Io non saluto quella ragazza/Noi

8. S. Lui apre la bottiglia/ancora ... non
   R. Ancora lui non apre la bottiglia

Tu capisci tutte le parole
Lei legge il giornale
Io saluto tutti gli allievi
Noi capiamo l'esercizio

Essa entra in classe
Essi hanno il cucchiaino
Voi avete un coltello
Voi siete grandi

35

9. S. Questo è un coltello
   R. No, è piccolo; è un coltellino

Quello è un piatto
Questo è un tavolo
Quella è una forchetta
Questo è un cane

Quella è una ragazza
Questo è un uccello
Questo è un bicchiere
Quello è un gatto

10. S. Avete un cucchiaio?
    R. No, abbiamo un cucchiaino

Hai un coltello?
Avete un cane?
Hai un tavolo?
Hai un piatto?

Ha una forchetta?
Hanno un bicchiere?
Avete un uccello?
Hanno un ragazzo?

11. S. Questa non è una domanda
    R. Queste non sono delle domande.

Questa non è una risposta
Quella non è una forchetta
Quella non è una donna
Questa non è una porta

Quella non è una scala
Questa non è una chiave
Quella non è una studentessa
Quella non è un'arancia.

Lezione terza

C'è   **Ci sono**   **Di che colore è?**

Sull'albero c'è **un** uccello

Sull'albero ci sono **degli** uccelli

gli studenti
entrano
in classe

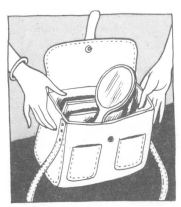

La ragazza ha uno specchio
nella borsetta (in + la = nella)

Ci sono degli specchi
nell'armadio (in + l' = nell')

37

Nell'aula c'è
un quadro
(in + l' = nell')

Nel banco c'è
l'allievo
(in + il = nel)

Nei banchi ci sono
gli allievi
(in + i = nei)

C'è una bottiglia
nello zaino
(in + lo = nello)

Negli armadi del
negozio ci sono
dei vestiti
(in + gli = negli)

C'è acqua **nelle**
bottiglie
(in + le = nelle)

in aula = in classe; nell'aula = nella classe
nelle aule = nelle classi

Il Colore - I Colori

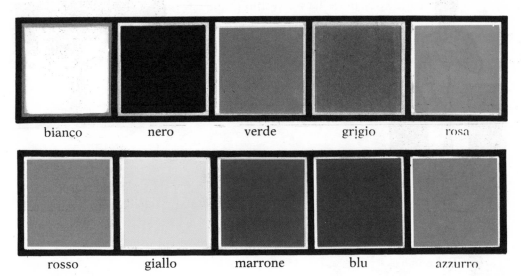

| bianco | nero | verde | grigio | rosa |

| rosso | giallo | marrone | blu | azzurro |

La bandiera italiana ha tre colori:
verde, bianco e rosso

I tre colori **della** bandiera italiana
sono il verde, il bianco e il rosso
(di + la = della)

La signorina ha un fazzoletto bianco
Il fazzoletto **della** signorina è bianco

Lo studente ha una cravatta blu
La cravatta **dello** studente è blu

(di + lo = dello)

La ragazza ha una gonna rossa
La gonna **della** ragazza è rossa

La signorina = la giovane, la ragazza
italiano (italiana) = dell'Italia

39

Il signore ha un vestito grigio
Il vestito **del** signore è grigio
(di + il = del)

l'albero ha le foglie verdi
Le foglie **dell'**albero sono verdi
(di + l' = dell')

Le signorine hanno le scarpe nere
Le scarpe **delle** signorine sono nere   (di + le = delle)

La signora ha una camicetta gialla
La camicetta **della** signora è gialla

Il colore **dell'**acqua è ....
L'acqua non ha colore
(di + l' = dell')

Il professore legge gli esercizi **degli** studenti
(di + gli = degli)

I bambini hanno
le giacche marrone
Le giacche **dei** bambini
sono marrone

(di + i = dei)

la giacca (le giacche)
Il signore è un uomo; la signora è una donna

uomo ⟷ donna

40

I numeri cardinali

11 undici	20 venti	29 ventinove
12 dodici	21 ventuno	30 trenta
13 tredici	22 ventidue	31 trentuno
14 quattordici	23 ventitré	40 quaranta
15 quindici	24 ventiquattro	50 cinquanta
16 sedici	25 venticinque	60 sessanta
17 diciassette	26 ventisei	70 settanta
18 diciotto	27 ventisette	80 ottanta
19 diciannove	28 ventotto	90 novanta
		100 cento

I. Io **abito** a Roma in una via larga e bella. Nella via due file di alberi alti **danno** ombra alle case. La **mia** casa ha un giardino non grande con piante e fiori. In questa casa io **vivo** con la **mia** famiglia. Ogni giorno **vado** a lavorare in un ufficio del centro della città. Quando non **lavoro, sto** a casa seduto in una poltrona e **leggo** un giornale o un libro. **Preferisco** i libri polizieschi. Spesso **faccio** dei piccoli lavori nel giardino.

bella ⟷ brutta; bello ⟷ brutto

a casa = in casa
Roma è una città italiana
libro poliziesco - libri polizieschi

41

II. Tu **abiti** a Roma in una via larga e bella. Nella via due file di alberi **danno** ombra alle case. La **tua** casa ha un giardino non grande con piante e fiori. In questa casa tu **vivi** con la **tua** famiglia. Quando non **lavori, stai** a casa seduto in una poltrona e **leggi** un giornale o un libro. **Preferisci** i libri polizieschi. Spesso **fai** dei piccoli lavori nel giardino.

III. Carlo **abita** a Roma in una via larga e bella. Nella via due file di alberi alti **danno** ombra alle case. La **sua** casa ha un giardino non grande con piante e fiori. In questa casa Carlo **vive** con la **sua** famiglia. Ogni giorno **va** a lavorare in un ufficio del centro della città. Quando non **lavora, sta** a casa seduto in una poltrona e **legge** un giornale o un libro. **Preferisce** i libri polizieschi. Spesso **fa** dei piccoli lavori nel giardino.

Io **abito** a Roma	(verbo **abitare**)
alberi alti **danno** ombra	(verbo **dare**)
in questa casa io **vivo**	(verbo **vivere**)
vado a lavorare	(verbo **andare**)
quando non **lavoro**	(verbo **lavorare**)
sto a casa	(verbo **stare**)
leggo un giornale	(verbo **leggere**)
preferisco i libri polizieschi	(verbo **preferire**)
spesso **faccio** piccoli lavori	(verbo **fare**)

(Io) la **mia** casa	la **mia** famiglia
(Tu) la **tua** casa	la **tua** famiglia
(Carlo) la **sua** casa	la **sua** famiglia

Rispondere alle domande:
1. Dove abita Carlo?
2. Ha un giardino la sua casa?
3. Carlo vive solo o con la sua famiglia? (solo = non con la famiglia)
4. Dove va ogni giorno Carlo?
5. Dove è il tuo ufficio?
6. Che cosa fa Carlo quando non lavora?
7. Dove sta seduto?
8. Che cosa legge?
9. Che cosa preferisce leggere?
10. Che cosa fa spesso nel giardino?

Presente indicativo dei verbi: ANDARE, DARE, FARE, STARE

Io	vado	do	faccio	sto
Tu	vai	dai	fai	stai
Egli Essa	va	da	fa	sta
Lei	va	da	fa	sta
Noi	andiamo	diamo	facciamo	stiamo
Voi	andate	date	fate	state
Essi· Esse	vanno	danno	fanno	stanno
Loro	vanno	danno	fanno	stanno

Rispondere alle domande:
   Di che colore è? Di che colore sono?
   (Esempio: Il fazzoletto della signorina è **bianco**)
1. Il fazzoletto della signorina . . . .
2. La cravatta dello studente . . . .
3. La gonna della ragazza . . . .
4. Il vestito del signore . . . .
5. Le foglie dell'albero . . . .
6. La camicetta della signora . . . .
7. Le scarpe delle signorine . . . .
8. Le giacche dei bambini . . . .
9. La bandiera italiana . . . .
10. La bandiera del tuo paese . . . .

L'Italia è un paese

La studentessa fa una domanda **al** professore	(a + il = al)
Il professore dà una risposta **alla** studentessa	(a + la = alla)
Noi diamo una sedia **allo** studente	(a + lo = allo)
Voi date una sedia **all'**allievo e **all'**allieva	(a + l' = all')
Essi non danno il coltello **ai** bambini	(a + i = ai)
Alti alberi danno ombra **alle** case	(a + le = alle)
Il professore dà la risposta **agli** studenti	(a + gli = agli)

43

Esercizio

Mettere al plurale:

(Esempio: Il giardino non è grande - Questo giardino non è grande - Questo non è un giardino grande.

I giardini non sono grandi - Questi giardini non sono grandi - Questi non sono dei giardini grandi)

1. Il giardino non è grande. Questo giardino non è grande. Questo non è un giardino grande.
2. La porta è aperta. Questa porta è aperta. Questa è una porta aperta.
3. La finestra è chiusa. Quella finestra è chiusa. Quella è una finestra chiusa.
4. La sedia è piccola. Quella sedia è piccola. Quella è una sedia piccola.
5. Il vestito è bello. Quel vestito è bello. Quello è un vestito bello.
6. Il cane è brutto. Quel cane è brutto. Quello è un cane brutto.
7. Il fazzoletto è pulito. Questo fazzoletto è pulito. Questo è un fazzoletto pulito.
8. La scarpa non è sporca. Questa scarpa non è sporca. Questa non è una scarpa sporca.
9. La lezione è facile. Questa lezione è facile. Questa è una lezione facile.
10. L'esercizio non è difficile. Quell'esercizio non è difficile. Quello non è un esercizio difficile.

pulito ⟷ sporco   facile ⟷ difficile

Esercizio

Mettere al singolare:

(Esempio: Gli uccelli cantano sugli alberi;
L'uccello canta sull'albero)

1. Gli uccelli cantano sugli alberi.
2. Nei giardini ci sono delle piante verdi.
3. Sulle piante ci sono dei fiori rossi.
4. Quando non lavorano, leggono.
5. Quei bambini hanno degli orologi piccoli.
6. I giardini delle città spesso non sono puliti.
7. Questi giovani preferiscono leggere dei giornali?
8. Sono difficili quegli esercizi?
9. Gli specchi grandi degli armadi non sono sporchi.
10. Gli zaini degli studenti sono verdi.

Esercizio
Sostituire all'infinito tra parentesi una voce del presente indicativo:

(Esempio: Noi (**preferire**) leggere i giornali, Carlo (**preferire**) i libri; Noi **preferiamo** leggere i giornali, Carlo **preferisce** i libri).

1. Noi (preferire) leggere i giornali, Carlo (preferire) i libri.
2. Lo studente (fare) gli esercizi in classe e (dare) il suo quaderno al professore.
3. Tu (aprire) la bottiglia e (dare) un bicchiere d'acqua al bambino.
4. Che cosa (fare) Lei in ufficio?
5. I ragazzi (andare) ogni giorno a scuola e (ascoltare) la lezione del professore.
6. Voi non (capire) questo esercizio ed io non (capire) quello.
7. Io (fare) il mio lavoro, tu (fare) il tuo.
8. La signora (aprire) la porta ed (entrare) in casa.
9. Voi (salutare) la signora e (andare) in ufficio.
10. Io (andare) a fare un piccolo lavoro.

Esercizio

Come il precedente:

1. Io (stare) seduto sulla sedia e (leggere) un libro.
2. Voi (andare) dove (andare) noi.
3. I bambini (dare) dei fiori alla signora.
4. Oggi noi (stare) in casa, non (andare) a lavorare.
5. L'allievo (aprire) la finestra e (chiudere) la porta.
6. Come (stare) Lei, professore? Io (stare) bene.
7. Due file di alberi (dare) ombra alle case.
8. Che cosa (fare) noi se voi (andare) in ufficio?
9. I gatti (stare) spesso sulle poltrone e (dormire).
10. I ragazzi (stare) in giardino e (giocare)

seguente ⟷ precedente

Esercizio

Completare le frasi con le preposizioni articolate:

1. L'allievo mette il libro (su + il) ... suo banco.
2. Aldo spesso lavora (in + il) ... giardino (di + la) ... sua casa.
3. La borsetta (di + la) ... signora è (su + la) ... poltrona.
4. Le foglie (di + gli) ... alberi (di + il) ... tuo giardino sono gialle.

5. Il ragazzo lavora (in + l') ... ufficio vicino.
6. (In + la) ... via c'è una fila di automobili.
7. (In + le) ... vie (di + il) ... centro i negozi sono chiusi.
8. (In + gli) ... uffici chiusi ci sono le bambine.
9. (In + i) ... bicchieri (di + i) ... ragazzi non c'è acqua.
10. L'ombra (di + l') albero dà (su + la) casa.

«Su» è una preposizione; «in» è una preposizione;
«su» e «in» sono delle preposizioni.
«Sul, sulla, sulle, sui» sono preposizioni articolate.

Esercizi integrativi

1. S. Nel giardino c'è una pianta
   R. Nel giardino ci sono due piante.

Nel banco c'è un allievo
Nella pianta c'è un fiore
Nella borsetta c'è uno specchio
Nel negozio c'è una signora
Nell'aula c'è un quadro
Nello zaino c'è una bottiglia
Nell'armadio c'è un vestito
Nella via c'è un'automobile

2. S. Che cosa c'è nei giardini?/piante verdi
   R. Nei giardini ci sono delle piante verdi.

Che cosa c'è nelle piante?/fiori rossi
Che cosa c'è nelle borsette?/specchi puliti
Che cosa c'è nelle aule?/quadri grandi
Che cosa c'è negli zaini?/bottiglie piccole
Che cosa c'è negli armadi?/vestiti grigi
Che cosa c'è nelle vie?/automobili chiuse
Che cosa c'è nei piatti?/arance gialle
Che cosa c'è negli esercizi?/parole facili

3. S. Il professore entra in classe
   R. Ogni giorno il professore entra in classe

Gli studenti salutano il professore
Noi leggiamo il giornale

Tutti leggono il giornale
Un uomo apre la porta del negozio
La signorina fa delle domande
Quelle finestre sono aperte
Questa scala è pulita
Quella scala è sporca

4. S. Non capisco il professore
    R. Spesso non capisco il professore

Stiamo a casa seduti in poltrona
Stanno a casa sedute in poltrona
Fate dei piccoli lavori nel giardino
Facciamo dei lavori nel centro della città
Fanno dei lavori nella via
Non capiamo tutte le parole
Preferiscono i romanzi gialli (=polizieschi)
Gli uccelli stanno sugli alberi.

5. S. La città ha vie larghe e belle/Che cosa ha ... hanno ...?
    R. Che cosa ha la città?

La casa ha un giardino pulito
La via ha due file di alberi
Gli alberi hanno le foglie verdi
Il giardino ha delle piante grandi
Le piante hanno dei fiori belli
Il professore ha un libro
Gli allievi hanno un quaderno
Noi abbiamo una casa grande

6. S. Io faccio la domanda/tu ... (dare la risposta)
    R. Tu dai la risposta

Il professore fa la domanda/voi ...
Tu fai la domanda/noi ...
Noi facciamo la domanda/lui ...
La signorina fa la domanda/le signore ...
Le studentesse fanno la domanda/il professore ...
Voi fate la domanda/io ...
Uno studente fa la domanda/una studentessa ...
Due allieve fanno la domanda/due allievi ...

7. S. La studentessa ha una gonna rossa
    R. Di che colore è la sua gonna?

Il ragazzo ha una cravatta blu
Il professore ha un vestito marrone
Tu hai una giacca marrone
Io ho un fazzoletto bianco
Tu hai una camicetta gialla
La pianta ha un fiore rosso
Io ho uno zaino marrone
L'Italia ha una bandiera verde, bianca e rossa

8. S. Noi non stiamo seduti in poltrona
    R. Noi andiamo a lavorare

Io non sto seduto in poltrona
Voi non state seduti in poltrona
La signorina non sta seduta in poltrona
Il signore non sta seduto in poltrona
Tu non stai seduto in poltrona
Essi non stanno seduti in poltrona
Loro non stanno seduti in poltrona
Carlo non sta seduto in poltrona

9. S. Essi fanno una domanda/professore
    R. Essi fanno una domanda al professore

Io do un giornale/allievo
Voi date cucchiaio e forchetta/bambina
Noi non diamo il coltello/bambini
Tu non dai i bicchieri/le signore
Il professore fa una domanda/studente
Egli fa una domanda/allieva
La studentessa dà una risposta/studenti
Essa dà la bandiera/bambini.

Lezione quarta

un uomo prende l'autobus
l'uomo
un uomo

degli uomini prendono l'autobus
gli uomini
degli uomini

la gallina fa l'uovo
l'uovo
un uovo

nel cestino ci sono molte uova
le uova
delle uova

un paio di scarpe
(il paio)

due paia di scarpe
(le paia)

i pantaloni

gli occhiali

un re
(il re)

due re
(i re)

un film
(il film)

due film
(i film)

un autobus
l'autobus

degli autobus
gli autobus

un tram
il tram

dei tram
i tram

un bar
il bar

due bar
i bar

questo signore
beve un caffè

un caffè
il caffè

due caffè

dei caffè
i caffè

Roma è una grande città italiana

Pisa e Venẹzia sono due belle città italiane

Salutare = dire buongiorno! (Buonasera, buonanotte, ciao, arrivederci)
Parlare = dire parole

Esercizio

Volgere al plurale (= mettere al plurale)

(Esempio: Io preferisco quel paio di scarpe - Noi preferiamo quelle paia di scarpe)

1) Io preferisco quel paio di scarpe. 2) Questo caffè è buono. 3) In questa via c'è un bel bar. 4) In questa città prendo sempre l'autobus e non il tram. 5) Non è un film poliziesco. 6) In questo paese non c'è un re. 7) Lavorano l'uomo e la donna. 8) L'uovo dell'uccello è piccolo. L'uovo della gallina è grande.

Volgere al singolare (= mettere al singolare)

(Es. Le sedie dei bar sono basse - La sedia del bar è bassa)

1) Le sedie dei bar sono basse. 2) Noi non beviamo questi caffè. 3) Tre paia sono blu e tre paia sono nere. 4) Questi tram e questi autobus vanno al centro della città. 5) Non ci sono dei film belli. 6) Quelle uova sono di gallina. 7) In Italia non ci sono re. 8) Sulla scala ci sono due uomini.

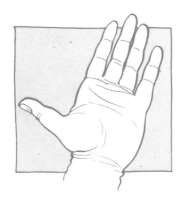
la mano
(le mani)

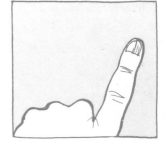
il dito
(le dita)

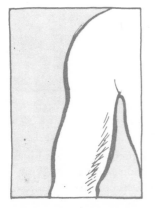
il braccio
(le braccia)

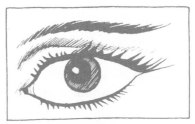
l'occhio
(gli occhi)

53

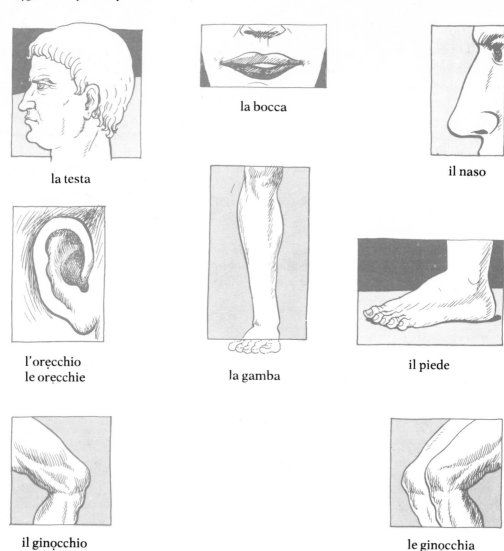

la testa

la bocca

il naso

l'orecchio
le orecchie

la gamba

il piede

il ginocchio

le ginocchia

Nella bocca c'è la lingua e ci sono i denti (il dente)

Volgere al plurale:
(Es. Questo dito è sporco - Queste dita sono sporche)

1) Questo dito è sporco. 2) La mano non è grande. 3) Il braccio è piccolo. 4) L'occhio è azzurro. 5) La testa non è piccola. 6) La bocca è rossa. 7) Il naso non è sporco. 8) Il piede e la gamba sono puliti. 9) Il ginocchio non è rosso. 10) Quest'orecchio non è pulito.

CHE ORE SONO ?   (CHE ORA È?)

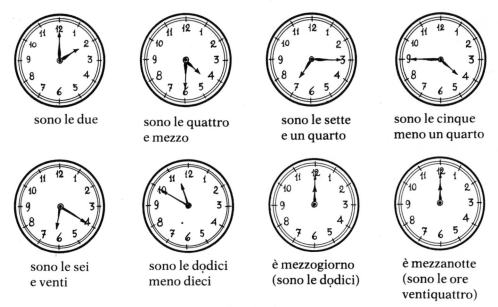

sono le due

sono le quattro
e mezzo

sono le sette
e un quarto

sono le cinque
meno un quarto

sono le sei
e venti

sono le dodici
meno dieci

è mezzogiorno
(sono le dodici)

è mezzanotte
(sono le ore
ventiquattro)

L'orologio

L'orologio serve a misurare il tempo. Ogni orologio ha un quadrante e due lancette: una piccola per segnare le ore e una grande per segnare i minuti. Molti orologi hanno anche una terza lancetta per indicare i secondi (minuti secondi). In un giorno ci sono ventiquattro ore. Ogni ora ha sessanta minuti primi. In ogni minuto ci sono sessanta secondi.

La lancetta = la freccia; a misurare = per misurare; segnare = indicare

Esercizio
Che ora è? (rispondere)

L'aula della lezione di italiano

Il professore **è entrato** nell'aula alle ore 17; **ha salutato** gli allievi, **ha aperto** il libro ed **ha letto** un esercizio facile. Gli studenti **hanno ascoltato**, ma non **hanno capito** tutte le parole. La lezione di italiano **è durata** un'ora: **è cominciata** alle cinque ed **è finita** alle sei.

l'italiano = la lingua italiana

cominciare ⟷ finire

PASSATO PROSSIMO = presente di «avere» o «essere»
+ participio passato

Il professore	**è entrato** nell'aula	(verbo **entrare**)
	ha salutato gli allievi	(verbo **salutare**)
	ha aperto il libro	(verbo **aprire**)
	ha letto un esercizio	(verbo **leggere**)
Gli allievi	**hanno ascoltato**	(verbo **ascoltare**)
	non **hanno capito**	(verbo **capire**)
La lezione	**è durata** un'ora	(verbo **durare**)
	è cominciata alle cinque	(verbo **cominciare**)
	è finita alle sei	(verbo **finire**)

Rispondere alle seguenti domande:

1. A che ora è entrato nell'aula il professore?
2. Che cosa ha fatto il professore?
3. Che cosa hanno fatto gli studenti?
4. Che cosa non hanno capito gli studenti?
5. Quanto tempo è durata la lezione d'italiano?
6. Quando è cominciata e quando è finita la lezione?

Passato prossimo dei verbi AVERE ed ESSERE

AVERE

	AVERE		ESSERE
Io	ho avuto	sono	stato - stata
Tu	hai avuto	sei	stato - stata
Egli	ha avuto	è	stato
Essa		è	stata
Lei	ha avuto	è	stato - stata
Noi	abbiamo avuto	siamo	stati - state
Voi	avete avuto	siete	stati - state
Essi	hanno avuto	sono	stati
Esse		sono	state
Loro	hanno avuto	sono	stati - state

Passato prossimo dei verbi SALUTARE, RICEVERE, CAPIRE

Salut - **are**   Ricev - **ere**   Cap - **ire**

Participio passato: salut - **ato**   ricev - **uto**   cap - **ito**

	Salut		Ricev		Cap
Io	ho salutato	ho	ricevuto	ho	capito
Tu	hai salutato	hai	ricevuto	hai	capito
Egli, Essa	ha salutato	ha	ricevuto	ha	capito
Lei	ha salutato	ha	ricevuto	ha	capito
Noi	abbiamo salutato	abbiamo	ricevuto	abbiamo	capito
Voi	avete salutato	avete	ricevuto	avete	capito
Essi, Esse	hanno salutato	hanno	ricevuto	hanno	capito
Loro	hanno salutato	hanno	ricevuto	hanno	capito

Passato prossimo dei verbi ENTRARE, CADERE, PARTIRE

Entr - **are**   Cad - **ere**   Part - **ire**

Participio passato: entr - **ato**   cad - **uto**   part - **ito**

		Entr	Cad	Part
Io	sono	entrato-entrata	caduto-caduta	partito-partita
Tu	sei	entrato-entrata	caduto-caduta	partito-partita
Egli	è	entrato	caduto	partito
Essa	è	entrata	caduta	partita
Lei	è	entrato-entrata	caduto-caduta	partito-partita
Noi	siamo	entrati-entrate	caduti-cadute	partiti-partite
Voi	siete	entrati-entrate	caduti-cadute	partiti-partite
Essi	sono	entrati	caduti	partiti
Esse	sono	entrate	cadute	partite
Loro	sono	entrati-entrate	caduti-cadute	partiti-partite

Esercizio

Sostituire all'infinito tra parentesi una voce del passato prossimo indicativo:

(Esempio: Anna (cantare) una canzone; Anna **ha cantato** una canzone)

a) col verbo **avere**

1. Anna (cantare) una canzone
2. Aldo (telefonare) per informare il direttore
3. Io (aspettare) poco per prendere l'autobus
4. Le lancette dell'orologio (segnare) le ore 16
5. Tutti (preferire) prendere il tram
6. Questi ragazzi (lavorare) tutto il giorno
7. Noi (dare) le uova alla signora
8. Quegli uomini (dormire) molto
9. Il bambino (avere) la febbre
10. Voi (capire) la lezione d'italiano?
11. Noi (abitare) a Pisa tre anni
12. Perché non (salutare) il professore?

b) col verbo **essere**

(Esempio: Gli studenti (entrare) nell'aula; gli studenti **sono entrati** nell'aula)

1. Gli studenti (entrare) nell'aula
2. L'automobile (la macchina) del direttore (arrivare) presto
3. La donna (andare) a prendere i bicchieri
4. I ragazzi (stare) a casa, io (andare) in città
5. Loro (andare) in ufficio, noi (tornare) in classe
6. Il re (partire) in macchina (= automobile)
7. Quando le donne (arrivare) gli uomini (partire)
8. Tu, Aldo, non (guarire) completamente
9. Quando (andare) voi a Venezia?
10. Dove (cadere) i bambini?
11. Perché voi (tornare) tardi ieri?
12. Noi (tornare) tardi perché (stare) al bar

tardi ⟷ presto

l'orologio segna le sette (del mattino): è presto
l'orologio segna mezzanotte: è tardi
completamente = del tutto, in tutto

Carlo
mangia

Carlo
beve

Infinito:
mangiare   bere
Participio passato:
mangiato   bevuto

Anna
scrive

Anna
legge

Infinito:
scrivere   leggere
Participio passato:
scritto   letto

Maria
ride

Maria
piange

Infinito:
ridere   piangere
Participio passato:
riso   pianto

Giovanni
entra

Giovanni
esce
dal bar (da + il)

Infinito:
entrare   uscire
Participio passato:
entrato   uscito

59

il ragazzo apre
la porta

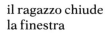

il ragazzo chiude
la finestra

Infinito:
aprire   chiudere
Participio passato:
aperto   chiuso

il signore parte
dalla stazione
(da + la)

il signore arriva
all'aeroporto

Infinito:
partire   arrivare
Participio passato:
partito   arrivato

verbo **uscire** - pres. ind.: esco, esci, esce, usciamo, uscite, escono

uscire ⟷ entrare; aprire ⟷ chiudere; arrivare ⟷ partire;
piangere ⟷ ridere

La penna serve a scrivere. Noi scriviamo con la penna, con la matita, con la macchina
da scrivere (= per scrivere). In classe scriviamo con il gesso (sulla lavagna).

Esercizio

Completare le frasi:

(Esempio: Carlo e Maria ..... due uova; Carlo e Maria hanno mangiato due uova)

1. Carlo **ha mangiato** un uovo. Carlo e Maria .... due uova.
2. Tu **sei andato** alla stazione, ma **non sei partito**.
   Voi .... alla stazione, ma non ....
3. Io **ho aperto** la finestra ed **ho chiuso** la porta.
   Noi .... la finestra ed .... la porta.
4. Anna **ha bevuto** un caffè. Voi che cosa ....?
5. Giovanni **ha scritto** molto. Noi .... poco.
6. Maria **ha letto** poche parole ed **ha chiuso** il libro.
   Essi .... poche parole ed .... il libro.
7. **Sei uscito**, ma non **hai chiuso** la porta.
   Voi .... ma non .... la porta.
8. Quando io **sono entrato,** tu **sei uscito**. Quando noi ..... voi .....
9. Io **ho letto** la lettera ed **ho pianto**.
   Essi ..... la lettera ed .....
10. Quando il signore **è caduto** il bambino **ha riso**.
    Quando i signori .... i bambini .....

molto ⟷ poco

Come il precedente:

1. Perché Carlo e Giovanni non **sono usciti** oggi?
   Perché il ragazzo non ..... oggi?
2. Dove **sono andate** Anna e Maria ieri?
   Dove ..... la ragazza ieri?
3. Anna e Giovanni **sono arrivati** tardi.
   Carlo e Maria .... tardi.
4. Quando Carlo **è arrivato**, Maria **è partita**.
   Quando Maria ....., Carlo .....
5. Io e Giovanni **abbiamo letto** il giornale e **siamo usciti**.
   Tu ..... il giornale .....
6. Non **avete bevuto** perché noi non **abbiamo aperto** la bottiglia
   Carlo e Giovanni non ..... perché tu non ...... la bottiglia.
7. Tu e Carlo **avete aperto** la porta ed **è uscito** il cane.
   Tu ...... la porta ..... il cane e il gatto.
8. **Hai letto** molto oggi, ma nel tuo quaderno **hai scritto** poco.
   Maria ..... molto oggi, ma nel suo quaderno ..... poco.
9. Le signorine **sono partite**, ma ancora non **sono arrivate**.
   La signorina ....., ma ancora non .....
10. Essi **sono andati** a prendere l'autobus, ma **sono arrivati** tardi.
    Carlo ed Anna ..... a prendere l'autobus, ma ..... tardi.

61

Esercizio

Mettere al passato prossimo l'infinito del verbo tra parentesi:
(Esempio: La gallina (fare) l'uovo nel giardino - La gallina **ha fatto** l'uovo nel giardino)

1. La gallina (fare) l'uovo nel giardino.
2. Il bambino (piangere) tutto il giorno, ma quando (arrivare) la signorina (ridere).
3. L'allievo (leggere) l'esercizio, (chiudere) il libro e (ripetere) la lezione.
4. Perché voi non (aprire) la finestra quando (entrare) in classe?
5. Io non (telefonare) perché (tornare) tardi a casa.
6. Noi (andare) al bar alle dieci, (bere) un caffé, (tornare) a casa alle undici e mezzo e (mangiare) all'una.
7. Tu ed Anna (andare) in automobile, in tram o in autobus?
8. (Arrivare) molti vestiti belli al negozio del centro.
9. Io e Maria (dormire) quattro ore e (uscire).
10. Io (guarire) ma ancora non (tornare) a lavorare in ufficio.

Lettura

I. Io sono Aldo Bruni. Oggi non **posso** andare in ufficio, perché sono ammalato. Ieri ho avuto la febbre e sono stato tutto il giorno a letto. **Devo** telefonare per informare di questo il direttore. Non **voglio** tornare al lavoro perché non sono completamente guarito.

tornare al lavoro = tornare a lavorare

II. Anna dice ad Aldo: «Oggi non **puoi** andare in ufficio, perché sei ammalato. Ieri hai avuto la febbre e sei stato tutto il giorno a letto. **Devi** telefonare per informare di questo il direttore. Non **vuoi** tornare al lavoro, perché non sei completamente guarito.

III. Aldo oggi non **può** andare in ufficio perché è ammalato. Ieri ha avuto la febbre ed è stato tutto il giorno a letto. **Deve** telefonare per informare di questo il direttore. Non **vuole** tornare al lavoro perché non è completamente guarito.

Rispondere alle domande:

1. Carlo va in ufficio?
2. Perché Carlo non può andare in ufficio?
3. Che cosa ha avuto ieri Carlo?
4. Dove è stato ieri Carlo?
5. Che cosa deve fare?
6. Perché non vuole tornare al lavoro?

Presente indicativo dei verbi POTERE, VOLERE, DOVERE

Io	posso		voglio		devo
Tu	puoi		vuoi		devi
Egli	può		vuole		deve
Essa	può		vuole		deve
Lei	può	cominciare il lavoro	vuole	finire il lavoro	deve
Noi	possiamo		vogliamo		dobbiamo
Voi	potete		volete		dovete
Essi	possono		vogliono		devono
Esse	possono		vogliono		devono
Loro	possono		vogliono		devono

lavorare tutto il giorno

1. Con gli occhi io posso vedere
2. Con la bocca io posso parlare, bere, mangiare
3. Con le orecchie io posso sentire, ascoltare
4. Con i piedi e le gambe io posso camminare (= andare a piedi)
5. Con il naso io posso sentire gli odori, i profumi
6. Con le mani io posso toccare e prendere

Il cieco non vede
Il muto non parla
Il sordo non sente
Lo zoppo non cammina bene

L'articolo

Il	Lo	La	Un	Uno	Una
I	Gli	Le	Dei	Degli	Delle

Le preposizioni articolate

di + il = del	a + il = al	da + il = dal
di + lo = dello	a + lo = allo	da + lo = dallo
di + l' = dell'	a + l' = all'	da + l' = dall'
di + la = della	a + la = alla	da + la = dalla
di + i = dei	a + i = ai	da + i = dai
di + gli = degli	a + gli = agli	da + gli = dagli
di + le = delle	a + le = alle	da + le = dalle

in + il = nel   su + il = sul
in + lo = nello   su + lo = sullo
in + l' = nell'   su + l' = sull'
in + la = nella   su + la = sulla
in + i = nei   su + i = sui
in + gli = negli   su + gli = sugli
in + le = nelle   su + le = sulle

«il» è un articolo; «di» è una preposizione; «del» è una preposizione articolata

«la» è un articolo; «di» è una preposizione; «della» è una preposizione articolata

tra = fra

Esercizi integrativi

1.   S.   Un uovo è poco/anche due ... sono pochi-e
      R.   Anche due uova sono poche.

      Un caffè è poco
      Un film su Venezia è poco
      Un bar è poco in questa via
      Un uomo è poco in quest'ufficio
      Un autobus ogni ora è poco
      Un minuto è poco
      Un paio è poco
      Un dito d'acqua è poco

2.   S.   Le donne hanno fatto le domande/gli uomini (dare le risposte)
      R.   Gli uomini hanno dato le risposte

      Io ho fatto le domande/voi ...
      Noi abbiamo fatto le domande/il direttore
      Tu hai fatto la domanda/io
      Gli studenti hanno fatto le domande/il professore ...
      La signorina ha fatto le domande/le signore ...
      Voi avete fatto le domande/un uomo
      Esse hanno fatto le domande/tu
      Egli ha fatto le domande/noi

3. S. Le donne possono partire/gli uomini devono tornare
   R. Gli uomini devono tornare

      Io posso partire/voi ...
      Noi possiamo partire/il direttore ...
      Tu puoi partire/io ...
      Gli studenti possono partire/il professore ...
      La signorina può partire/le signore ...
      Voi potete partire/un uomo ...
      Esse possono partire/tu ...
      Il re può partire/noi ...

4. S. Trenta minuti sono molti/due ... pochi-e
   R. Due (minuti) sono pochi.

      Dieci uomini sono molti/tre
      Venti ore sono molte/quattro
      Sei caffè sono molti/due
      Dodici paia sono molte/tre
      Dieci cestini sono molti/due
      Undici file sono molte/tre
      Tre dita sono molte/un
      Otto uova sono molte/tre

5. S. La mano è pulita
   R. Le mani sono pulite.

      Il dito è guarito
      Il braccio è sporco
      L'occhio è grande
      La testa è piccola
      Il naso è largo
      Il piede è piccolo
      La gamba è bella
      Il ginocchio è pulito.

6. S. La **mia** famiglia **vuole** partire
   R. La **tua** famiglia **non deve** partire!

      Le galline vogliono entrare nel giardino
      Voglio mangiare delle uova
      I bambini vogliono bere caffè
      Noi vogliamo arrivare a Venezia
      Tu vuoi informare il direttore
      Voi volete aprire la finestra

Quei ragazzi vogliono prendere l'autobus
Noi vogliamo chiudere il negozio.

7. S. Il tempo bello dura poco
   R. Il tempo bello è durato poco

Il tempo brutto dura molto
La febbre dura tutto il giorno
Il lavoro facile dura poco
Il lavoro difficile dura molto
La sua lezione dura un'ora
I piccoli lavori nel giardino durano tutto il giorno
Gli esercizi durano venticinque minuti.

8. S. Io sono andato a prendere la bottiglia e i bicchieri
   R. Io vado a prendere la bottiglia e i bicchieri.

Siamo andati a mangiare a casa
Aldo è andato a misurare i calzoni
Maria è andata ad aprire la porta
Lui e lei sono andati a chiudere le finestre
Aldo e Giovanni sono andati a prendere il tram
Anna e Maria sono andate al bar a bere un caffè
Maria ed io siamo andati a finire il lavoro
Tu e Giovanni siete andati a telefonare.

9. S. Bevo un caffè e comincio a lavorare
   R. Ho bevuto un caffè e ho cominciato a lavorare.

Mangiamo un paio d'uova e usciamo
Giovanni scrive poche parole e chiude il quaderno
Tu ridi spesso quando leggi quel libro
Maria piange ancora e non dorme
Quando entriamo in classe chiudiamo la porta
Giocano tutto il giorno e cantano molte canzoni
Partono alle cinque e arrivano a Pisa alle sei
Leggete poco e ancora non capite completamente.

10. S. Le scarpe di Anna sono belle; anche la camicetta è bella
    R. Le scarpe di Anna sono belle; anche la sua camicetta è bella.

Gli occhi di Maria sono belli; anche la bocca è bella
Tu hai mani belle; anche il naso è bello

Io ho dei gatti belli; anche il cane è bello
Anna ha gambe belle; anche la testa è bella
Giovanni ha dei bei calzoni; anche la cravatta è bella
Aldo ha dei begli occhiali; anche l'orologio è bello
Hai delle belle sedie; anche la poltrona è bella.

11. S. Con la bocca e la lingua possiamo parlare
    R. Che cosa possiamo fare con la bocca e la lingua?

    Con la bocca e i denti possiamo mangiare
    Con il naso possiamo sentire gli odori
    Con gli occhi possiamo vedere e guardare i colori
    Con le gambe e i piedi possiamo camminare
    Con il dito possiamo indicare
    Con le dita e le mani possiamo prendere
    Con le mani possiamo toccare
    Con le orecchie possiamo sentire o ascoltare

12. S. A che cosa serve la bocca?/parlare
    R. La bocca serve per parlare.

    A che cosa serve l'orologio?/misurare il tempo
    A che cosa serve l'orologio?/segnare le ore
    A che cosa servono gli occhi/vedere
    A che cosa serve il naso?/sentire gli odori
    A che cosa serve l'orecchio?/sentire o ascoltare
    A che cosa servono i piedi e le gambe?/camminare
    A che cosa serve il telefono?/telefonare
    A che cosa servono le mani e i piedi?/lavorare
    A che cosa servono la penna e la matita?/scrivere

13. S. È cieco quell'uomo?/ ... non vede bene
    R. Non è cieco, ma non vede bene.

    È cieca quella donna?/ ... non vede bene
    È muto quell'uomo?/ ... non parla bene
    È muta quella donna?/ ... non parla bene
    È sordo quell'uomo?/ ... non sente bene
    È sorda quella donna?/ ... non sente bene
    È zoppo quell'uomo?/ ... non cammina bene
    È zoppa quella donna?/ ... non cammina bene

Sono ciechi quegli uomini?/ ... non vedono bene
Sono cieche quelle donne?/ ... non vedono bene

14.   S.   Se essi vogliono, possono sentire/... sordo
      R.   Non sono sordi.

Se essi vogliono, possono vedere/... cieco
Se esse vogliono, possono vedere/... cieco
Se lui vuole, può vedere/... cieco
Se lui vuole, può sentire/... sordo
Se lei vuole, può vedere/... cieco
Se esse vogliono, possono parlare/... muto
Se essi vogliono, possono parlare/... muto
Se lui vuole, può camminare/... zoppo.

Lezione quinta

Che giorno è oggi?

Il calendario

I giorni della settimana sono sette: lunedí, martedí, mercoledí, giovedí, venerdí, sabato e domenica.

Il lunedí è il primo giorno della settimana, la domenica è l'ultimo. In un mese ci sono quattro settimane.

Ogni mese ha generalmente trenta giorni. I dodici mesi dell'anno sono: gennaio, febbraio, marzo, aprile, maggio, giugno, luglio, agosto, settembre, ottobre, novembre e dicembre. Hanno trenta giorni: aprile, giugno, settembre e novembre; hanno trentuno giorni: gennaio, marzo, maggio, luglio, agosto, ottobre e dicembre.

Febbraio è il secondo mese dell'anno ed ha ventotto giorni; ogni quattro anni ha ventinove giorni.

la primavera

l'estate

l'autunno

l'inverno

69

Le stagioni dell'anno sono quattro: la primavera, l'estate, l'autunno e l'inverno. Ogni stagione dura tre mesi.

In Italia la primavera inizia il 21 marzo e termina il 21 giugno; l'estate inizia il 21 giugno e termina il 21 settembre; l'autunno comincia (inizia) il 21 settembre e finisce (termina) il 23 dicembre; l'inverno comincia il 23 dicembre e finisce il 21 marzo.

In un anno ci sono trecentosessantacinque (365) giorni. Il primo giorno dell'anno è il 1° gennaio, l'ultimo è il trentuno dicembre.

iniziare ⟷ terminare

avantieri	← ieri	← oggi →	domani →	dopodomani
30 maggio	31 maggio	primo giugno	2 giugno	3 giugno
domenica	lunedí	martedí	mercoledí	giovedí

Esercizio

Rispondere alle domande:

1. Quanti sono i giorni della settimana?
2. Quanti giorni ci sono, generalmente, in un mese?
3. Quale stagione dell'anno preferisci?
4. Quali sono i mesi dell'anno?
5. Quanti mesi dura una stagione?
6. In quali giorni della settimana hai la lezione d'italiano?
7. Quante settimane ci sono in un mese?
8. Quali mesi hanno trenta giorni?
9. Quando comincia l'autunno in Italia?
10. Quanti giorni ci sono in un anno?
11. Quali sono i giorni della settimana?
12. Quando finisce la primavera e comincia l'estate?
13. Quando termina l'inverno e inizia la primavera?
14. Quali sono il primo e l'ultimo giorno della settimana?
15. Qual è il primo mese dell'anno?
16. Qual è l'ultimo giorno dell'anno?

Quando arriva la primavera (in primavera):
— il tempo è bello
— il cielo è azzurro e
senza nuvole
— nei giardini ci sono
molti fiori

con ⟷ senza

Quando arriva l'estate (d'estate - in estate):
— c'è molto sole: fa caldo
— negli alberi ci sono molte
foglie e molti frutti
— il giorno è lungo, la
notte è corta

caldo ⟷ freddo   corto ⟷ lungo

Quando arriva l'autunno (in autunno):
— la temperatura è tiepida
— spesso soffia il vento
— dagli alberi cadono le foglie (da+gli = dagli)

Quando arriva l'inverno (d'inverno - in inverno):
— il tempo è brutto: fa freddo
— il cielo è grigio, c'è poco sole
— piove spesso e nevica (cade la pioggia e cade la neve)

non caldo, non freddo = tiepido
poco caldo = tiepido

Quando piove apriamo l'ombrello

71

il giorno

la notte

La prima parte del giorno è **il mattino (la mattina)**. Dopo mezzogiorno comincia **il pomeriggio. La sera** è la terza parte del giorno e l'ultima è **la notte**. Il giorno comincia quando **sorge il sole** e finisce quando **il sole tramonta**. La sera **spunta (sorge) la luna** e di notte in cielo **brillano le stelle**.

sorgere ⟷ tramontare   dopo ⟷ prima di

I numeri ordinali

1° primo	11° undicesimo	21° ventunesimo
2° secondo	12° dodicesimo	30° trentesimo
3° terzo	13° tredicesimo	40° quarantesimo
4° quarto	14° quattordicesimo	50° cinquantesimo
5° quinto	15° quindicesimo	60° sessantesimo
6° sesto	16° sedicesimo	70° settantesimo
7° settimo	17° diciassettesimo	80° ottantesimo
8° ottavo	18° diciottesimo	90° novantesimo
9° nono	19° diciannovesimo	100° centesimo
10° decimo	20° ventesimo	101° centesimoprimo

Rispondere alle domande:

1. A che ora vai a dormire la sera?
2. Quante ore dormi la notte?
3. Come è il tempo in primavera?
4. Come sono il giorno e la notte in estate?
5. Quando comincia il pomeriggio?
6. Quando spunta la luna?

72

7. Qual è l'ultima parte del giorno?
8. Quando tramonta il sole?
9. Com'è la temperatura in autunno?
10. Com'è il cielo in inverno?

Dialogo in classe

Oggi il professore spiega agli allievi una lezione difficile. Il professore fa delle domande e gli allievi danno le risposte.

Professore:	Io ho un giornale. Questo è **il mio** giornale.
	Vuole ripetere Lei, signorina Giulia, **di chi** è questo giornale? A chi appartiene?
Giulia:	Sí, professore. Quello è **il suo** giornale.
Prof.:	Ora rispondi tu, Ugo, **alla mia** domanda: **di chi** è questa penna? A chi appartiene?
Ugo	Quella è **la sua** penna.
Prof.:	**Sul tuo** banco, Ugo, ci sono dei quaderni e un libro. Di chi sono? A chi appartengono?
Ugo:	**Sul mio** banco ci sono quattro quaderni: questi due **a destra** sono i **miei** quaderni e questi **a sinistra** sono di Giulia. Questo è **il mio** libro; oggi Giulia non ha portato **il suo** (libro). La signorina dimentica spesso i **suoi** libri a casa!
Prof.:	Ora facciamo altre domande. Di che colore è **la tua** cravatta, Paolo?
Paolo:	**La mia** cravatta è rossa.
Prof.:	E **i tuoi** pantaloni?
Paolo:	**I miei** pantaloni sono grigi come **i suoi**, professore.
Prof.:	E **le tue** scarpe?
Paolo:	**Le mie** scarpe sono nere come **le sue**, professore.
Prof.:	È vero; **i nostri** pantaloni e **le nostre** scarpe hanno lo stesso colore. Domandiamo (facciamo una domanda) alle signorine: di che colore sono **le loro** borsette?
Silvia:	**La mia** è marrone, quella di Giulia è azzurra. Ma perché fa tante domande, professore?
Prof.:	Perché **le vostre** risposte rendono facile **la nostra** lezione di oggi. Grazie. **Il nostro** dialogo è finito.

Di chi è? = A chi appartiene?
Di chi sono? = A chi appartengono?

a destra ⟷ a sinistra

tante, tanti = molte, molti
rendere = fare

Pagina settantaquattro

Questo è **il mio** giornale   Questi sono **i miei** giornali
Questa è **la mia** cravatta   Queste sono **le mie** cravatte
Quello è **il tuo** libro   Quelli sono **i tuoi** libri
Quella è **la tua** penna   Quelle sono **le tue** penne

Esercizio

Completare le frasi seguenti con: «il mio, i miei, la mia, le mie; il tuo, i tuoi; la tua, le tue»

(Es.: E' questo il tuo ombrello? Sì questo è **il mio** ombrello)

1. È questo il tuo ombrello?   1. Sí, questo è *mio* ombrello
2. Sono questi i tuoi occhiali?   2. No, questi non sono *miei* occhiali
3. Dov'è la mia forchettina?   3. *tua* forchettina è sul tavolo
4. Dove sono i miei fiammiferi?   4. *tuoi* fiammiferi sono sotto il tavolo
5. Dove sono le mie sigarette?   5. *tue* sigarette sono sulla poltrona
6. E le tue dove sono?   6. *miei* sono sul tavolo
7. È questo il mio giornale?   7. Sí, questo è *il tuo* giornale
8. È aperta la tua finestra?   8. No, *la mia* finestra è chiusa

Sul banco di Paolo c'è   Sulla sedia di Paolo ci sono
il suo quaderno   **i suoi** pantaloni

Sul banco di Paolo c'è   Sotto la sedia di Paolo ci
la sua penna   sono **le sue** scarpe

La rosa è **il suo** fiore preferito   Silvia mette **i suoi** pantaloni

La sua camicetta è bianca   Sotto la sedia di Silvia ci
                                  sono **le sue** scarpe

Lei dimentica **il suo**   Lei dimentica **i suoi**
giornale, Signore   fiammiferi, Signore

Lei dimentica **la sua**   Lei dimentica **le sue**
borsa, Signore   sigarette, Signore

Signorina, ecco **il suo**   Ecco **i suoi** fiammiferi
ombrello

Questa è **la sua** borsetta   Queste sono **le sue** sigarette,
                                  signorina

74

Esercizio

Completare le frasi seguenti con: «il suo, i suoi; la sua, le sue, il suo, i suoi; la sua, le sue».

(Esempio: È mio questo giornale? Sí, professore, quello è **il suo** giornale.

1. È mio questo giornale?
2. Sono miei questi occhiali?
3. Dov'è la mia valigia?
4. Dove sono le mie scarpe?
5. Di che colore sono i pantaloni di lui?
6. Di che colore è il cagnolino di lei?
7. Silvia, la mia camicetta di che colore è?
8. Ugo ha due camicie. Di che colore sono?

1. Sí, professore, quello è ..... giornale
2. Sí, signorina, questi sono ..... occhiali
3. ... ... valigia è qui, signorina
4. ... ... scarpe sono sotto la sedia, Signore.
5. ... ... pantaloni sono marrone.
6. ... ... cagnolino è nero.
7. ... ... camicetta è bianca.
8. ... ... camicie sono bianche.

(La camicia è dell'uomo   La camicetta è della donna)

Noi salutiamo **il nostro** professore
che
entra **nella nostra** aula

Noi mettiano **i nostri** quaderni sul banco
e
le nostre borse sotto la sedia

Il vostro libro è chiuso. Perché?

I vostri libri sono sul banco
e
le vostre borse sotto la sedia

La vostra aula è questa

Esercizio

Completare la frasi seguenti con: «il nostro, il vostro, i nostri, i vostri, la nostra, la vostra, le nostre, le vostre».

(Es.: Com'è il vostro tavolo?   Il **nostro** tavolo è basso)

1. Com'è il vostro tavolo?
2. E le vostre sedie come sono?
3. Dov'è il vostro libro?
4. E i nostri quaderni?
5. Come sono i nostri esercizi?
6. Di chi è quella bandiera, è vostra?
7. Sono nostre quelle bottiglie?
8. E questa borsa è nostra?

1. ... ... tavolo è basso
2. Anche ... ... sedie sono basse
3. ... ... è sul banco
4. Anche ... ... sono sul banco
5. ... ... esercizi sono facili
6. Sí, quella ... ... bandiera
7. Sí, quelle sono ... ... bottiglie
8. Sí, quella è ... ... borsa

Gli allievi aprono **il loro** libro
e
ripetono **la loro** lezione

Gli studenti scrivono **i loro** esercizi
e
danno **le loro** risposte al professore

Le allieve aprono **il loro** libro
e
ripetono **la loro** lezione

Le allieve possono dimenticare
i loro libri
ma non **le loro** borsette

Non ho capito **il loro**
nome, Signore

Posso prendere i **loro** bagagli?

Qual è la **loro** città?

Sono queste le **loro** valigie, Signori?

(La valigia è un bagaglio. Anche la borsa è un bagaglio
Le valigie e le borse sono dei bagagli).

Esercizio

Completare le frasi seguenti con: «il loro, i loro, la loro, le loro».
(Es.: Le scarpe di Ugo e di Silvia sono nere. **Le loro** scarpe sono nere)

1. Le scarpe di Ugo e di Silvia sono nere
2. I calzoni di Aldo e di Giovanni sono grigi
3. La bottiglia dei ragazzi è aperta
4. La casa delle ragazze è bella
5. Le nostre valigie sono chiuse?
6. È bella la nostra casa?
7. Dov'è il nostro passaporto?
8. Sono alti i nostri ragazzi?

1. ... ... scarpe sono nere
2. ... ... calzoni sono grigi
3. ... ... bottiglia è aperta
4. ... ... casa è bella
5. Sí, signori, ... valigie sono chiuse
6. Sì, signorine, ... casa è bella
7. ... ... passaporto è sul tavolo
8. Sí, ... ragazzi sono alti.

Esercizio

Completare le frasi:
(Esempio: Io abito a Roma. Roma è ... ... città - Roma è **la mia** città)

1. Io abito a Roma. Roma è ... ... città.
2. Tu non hai il libro. Hai dimenticato ... ... libro a casa.
3. Voi avete una bella casa. ... ... casa è bella.
4. Lei, professore, fa domande facili. ... ... domande sono facili.
5. Giulia e Silvia non hanno borsette dello stesso colore. ... ... borsette non sono dello stesso colore.
6. La signora ha un bambino di quattro anni. ... ... bambino è piccolo.
7. Noi partiamo con la macchina nuova. ... ... macchina è nuova.
8. Essi fanno un lavoro difficile. ... ... lavoro è difficile.
9. I pantaloni di Ugo sono vecchi. ... ... pantaloni sono vecchi.
10. Giulia e Ugo hanno letto i giornali. ... ... giornali sono sul tavolo.

nuovo ⟷ vecchio   nuovi ⟷ vecchi

Il giornale di oggi è **nuovo**   Il giornale di ieri e avantieri è **vecchio**

Esercizio

Completare le frasi:
(Esempio: La casa di Giulia e di Silvia è lontana. **La loro** casa è lontana)

1. La casa di Giulia e di Silvia è lontana. ... ... casa è lontana.
2. Questa gallina fa le uova piccole. ... ... uova sono piccole.
3. Io ho un paio di scarpe marrone, tu hai un paio di scarpe nere ... ... scarpe non sono dello stesso colore.
4. Ugo e Paolo hanno messo i pantaloni nuovi ... ... pantaloni sono nuovi.
5. Siamo arrivati ora dall'aeroporto. Questi sono ... ... bagagli.
6. Queste sono le valigie di Ada e di Silvana. Queste sono ... ... valigie.
7. Non posso fumare perché ho dimenticato ... ... sigarette a casa.
8. Perché non hai scritto gli esercizi? Perché ho finito ... ... quaderno
9. Di chi sono queste sigarette? Sono ... ..., Signore? — No, non sono ... ...
10. Ragazzi, sul tavolo non ci sono i vostri libri. Dove sono ... ... libri?

lontano ⟷ vicino;   lontana ⟷ vicina

1) Sono le sette e cinque
— La lezione è finita alle sette
La lezione è finita **cinque minuti fa**

2) È mezzogiorno
— Sono tornato a casa alle undici
Sono tornato a casa **un'ora fa**

3) Oggi è mercoledí 8 maggio
— Paolo è partito lunedí 6 maggio
Paolo è partito **due giorni fa**

4) È il 14 giugno. Oggi sto bene.
— Il giorno sette ho avuto la febbre
Una settimana fa ho avuto la febbre

5) Siamo nel mese di aprile
— Gina è arrivata in gennaio
Gina è arrivata **tre mesi fa** .

6) Siamo nel 1978
— Noi siamo stati a Roma nel 1974
Noi siamo stati a Roma **quattro anni fa**

Sto bene ⟷ sto male

un minuto fa
pochi minuti fa   (poco fa)

un'ora fa
poche ore fa
molte ore fa

Un giorno fa
pochi giorni fa
molti giorni fa

una settimana fa   la settimana scorsa (passata)
poche settimane fa
molte settimane fa

un mese fa   il mese scorso (passato)
pochi mesi fa
molti mesi fa

un anno fa   l'anno scorso (passato)
pochi anni fa
molti anni fa
cento anni fa
(cento anni = un secolo)   il secolo scorso (passato)

Il bambino ha preso (prendere) la medicina
alle tre, alle sei, alle nove ecc.

Il bambino prende la medicina
ogni tre ore

L'aereo da Roma arriva il lunedí,
il mercoledí e il venerdí

L'aereo da Roma arriva
ogni due giorni

L'aereo da Roma arriva
tre volte la settimana

Conversazione

Buongiorno
Buonasera
Buonanotte

— Buongiorno, Signorina, come sta?
— Bene, grazie; e Lei?
— Anch'io sto bene. Possiamo prendere un caffè nel bar qui vicino?
— Sí, volentieri.
— Oggi il tempo è bello: possiamo fare anche una passeggiata.

———————

— Buona sera, Carlo, come va? (come stai?)
— Non c'è male, grazie. E tu?
— Bene. Hai visto l'ultimo film di Fellini? *uscire.*
— No; lavoro molto in questi giorni e non esco la sera.
— Anch'io lavoro molto, ma non posso stare chiuso in casa anche la sera.
— Preferisco uscire. Ora vado al cinema, ciao!
— Ciao, arrivederci.

———————

— Ciao, Franco, dove vai a quest'ora?
— È mezzanotte; vado a prendere le sigarette e poi a dormire.
— Bene; anch'io vado a casa. Buonanotte.
— Buonanotte.

Esercizi integrativi

1. S. Il primo mese dell'anno è gennaio/il secondo
   R. Il secondo mese dell'anno è febbraio.

        Il terzo mese dell'anno è marzo/il quarto
        Il quinto mese dell'anno è maggio/il sesto
        Il settimo mese dell'anno è luglio/l'ottavo

79

Il nono mese dell'anno è settembre/il decimo
L'undicesimo mese dell'anno è novembre/il dodicesimo
Il secondo giorno della settimana è martedí/il primo
Il quarto giorno della settimana è giovedí/il terzo
Il sesto giorno della settimana è il sabato/il quinto
Il settimo giorno della settimana è la domenica/il primo

2. .S. Il primo giorno dell'anno è il primo gennaio/l'ultimo
   R. L'ultimo giorno dell'anno è il trentun dicembre.

Il primo giorno della settimana è lunedí/l'ultimo
Il primo mese dell'anno è gennaio/l'ultimo
La prima stagione dell'anno è la primavera/l'ultima
La prima parte del giorno è il mattino/l'ultima
Il primo giorno di primavera è il ventun marzo/l'ultimo
Il primo giorno d'estate è il 21 giugno/l'ultimo
Il primo giorno d'autunno è il 23 settembre/l'ultimo
Il primo giorno d'inverno è il 21 dicembre/l'ultimo.

3. S. Un anno ha 365 giorni
   R. In un anno ci sono 365 giorni

Un mese ha trenta o trentun giorni
Una settimana ha sette giorni
Un anno ha quattro stagioni
Un'ora ha sessanta minuti
Una stagione ha tre mesi
Un giorno ha ventiquattro ore
Un mese ha quattro settimane
Un secolo ha cento anni.

4. S. La settimana **comincia** il lunedì e **finisce** la domenica
   R. La settimana **inizia** il lunedì e **termina** la domenica.

L'anno comincia in gennaio e finisce in dicembre
La primavera comincia in marzo e finisce in giugno
L'estate comincia in giugno e finisce in settembre
L'autunno comincia in settembre e finisce in dicembre
L'inverno comincia in dicembre e finisce in marzo
Il giorno comincia il mattino e finisce la notte
L'anno comincia il primo gennaio e finisce il 31 dicembre
La lezione comincia alle sei e finisce alle sette.

5. S. Oggi nevica
   R. È nevicato anche la settimana scorsa.

   Oggi piove
   Oggi arriva un altro studente
   Oggi andiamo a Pisa
   Oggi i bambini hanno la febbre
   Oggi cade molta neve
   Oggi il tempo è brutto
   Oggi arrivano due studenti
   Oggi ripetiamo la lezione.

6. S. Di chi sono queste valigie?/mio-mia-miei-mie ecc.
   R. Quelle valigie sono mie.

   Di chi sono questi fiammiferi?/tuo
   Di chi sono questi bagagli?/suo
   Di chi sono queste medicine?/tuo
   Di chi sono questi occhiali?/mio
   Di chi sono queste sigarette?/loro
   Di chi è quest'ombrello?/nostro
   Di chi è questa borsa?/vostro
   Di chi sono queste uova?/suo

7. S. Ieri è arrivato Ugo
   R. Chi è arrivato ieri?

   Poco fa è uscito Aldo
   Un'ora fa ha telefonato il direttore
   La settimana scorsa ha scritto Maria
   Oggi ho risposto io
   Il mese scorso siamo arrivati noi
   Nel negozio sono entrate due signore
   Al bar è andata Anna
   Alla stazione è andato Giovanni.

8. S. Le mie valigie sono verdi, le tue rosse/Non sono dello stesso colore/Sono.....
   R. Le nostre valigie non sono dello stesso colore.

   La tua borsetta è marrone, la sua è nera
   Le scarpe di Aldo sono nere, anche le tue sono nere
   I calzoni di Ugo sono grigi, quelli di Carlo marrone

81

I nostri piatti sono bianchi, anche i vostri sono bianchi
La sua cravatta è rossa e blu, anche la tua è rossa e blu
L'ombrello di Giulia è nero, quello di Anna è verde
L'automobile nostra è blu, anche la vostra è blu
La sua camicetta è gialla, anche la tua è gialla.

9. S. Gina è arrivata in gennaio
   R. Quando è arrivata Gina?

   Il sole è sorto alle sette del mattino
   Hai mangiato e bevuto un'ora fa
   La luna è sorta alle otto di sera
   Essi dormono generalmente nel pomeriggio
   Le stelle in cielo brillano di notte
   Avete preso le medicine alle tre del pomeriggio
   Noi la domenica non lavoriamo
   Il sole tramonta di sera.

10. S. La mia bambina ha la febbre
    R. Che cos'ha la tua bambina?

   La gallina ha fatto l'uovo
   Il signore e la signora vogliono un cestino
   La studentessa ha dimenticato il suo libro in classe
   Questa lancetta indica le ore
   Noi vogliamo questi frutti
   Io mangio un'arancia
   Tu bevi un caffè
   Hanno letto il giornale.

11. S. A chi appartengono queste valigie?/mio, mia, miei, mie ecc./a me.
    R. Quelle valigie sono mie; appartengono a me.

   A chi appartengono questi fiammiferi?/Tuo .../a te
   A chi appartengono questi bagagli?/suo .../a lui
   A chi appartengono queste medicine?/tuo .../a te
   A chi appartengono questi occhiali?/mio .../a me
   A chi appartengono queste sigarette?/loro .../a loro
   A chi appartiene quest'ombrello?/nostro .../a noi
   A chi appartiene questa borsa?/vostra .../a voi
   A chi appartengono queste uova?/suo .../a lui

12. S. **Prima** di mezzogiorno **non** è piovuto
    R. È piovuto **dopo** mezzogiorno

  Prima di mezzogiorno non mangiamo
  Prima di mezzanotte non ha avuto la febbre
  Prima di mezzanotte non è uscito
  Prima di mezzogiorno non comincia il nuovo lavoro
  Prima di mezzanotte non finisce il vecchio lavoro
  Prima di mezzogiorno non inizia la passeggiata
  Prima di mezzanotte non ha preso la medicina
  Prima di mezzanotte non sono tornati

13. S. Nel dialogo ci sono **molte** parole difficili/tanto, i, a, e
    R. Nel dialogo ci sono **tante** parole difficili.

  Avantieri è caduta molta neve
  Ieri è caduta molta neve
  Nel cielo ci sono molte nuvole
  Nel giardino ci sono molte piante e molti fiori
  Negli alberi ci sono molte foglie e molti frutti
  D'estate c'è molto sole e molto caldo
  D'inverno fa molto freddo
  In autunno cadono molte foglie

14. S. Dopo le sette noi dobbiamo uscire/Prima di ... (potere) ...
    R. **Prima** delle sette noi **possiamo** uscire.

  Dopo le tre tu devi prendere la medicina
  Dopo l'una tu devi telefonare
  Dopo la lezione voi dovete fare una passeggiata
  Dopo mezzogiorno essi devono tornare a casa.
  Dopo la valigia devono portare la borsa
  Dopo le cinque dobbiamo arrivare alla stazione
  Dopo le nove deve essere all'aeroporto
  Dopo le undici devo iniziare il nuovo lavoro.

Lezione sesta

La famiglia Bruni e la loro casa

Il babbo *father* Il padre	il signor Aldo Bruni	— età : 46 anni - impiegato
La madre La mamma	la signora Anna	— età : 40 anni - casalinga *housewife*
I figli	Marco Sergio	— età : 19 anni - studente universitario — età : 13 anni - studente di scuola media
Le figlie	Maria Luisa	— età : 16 anni - studentessa di liceo — età : 9 anni - scolara di scuola elementare

Aldo è **il marito** di Anna; Anna è la **moglie** di Aldo

Il signor Aldo Bruni, la signora Anna, i due figli Marco e Sergio e le due figlie Maria e Luisa formano una famiglia di sei persone.

Il padre e la madre sono i genitori dei quattro figli.

I Bruni vivono in una casa moderna alla periferia della città. L'edificio è una costruzione nuova: ha un pianterreno e tre piani. Il loro appartamento è al primo piano ed ha sei stanze: tre camere da letto, una sala da pranzo, un salotto (soggiorno) e uno studio. Inoltre ci sono due bagni, una cucina spaziosa, un ingresso, un lungo corridoio e un ripostiglio (o stanzino).

Ogni stanza ha una finestra e un balcone. Il pavimento e le pareti sono generalmente di colore chiaro. Il soffitto è basso come in tutte le costruzioni moderne.

84

Rispondere alle seguenti domande:

1) Quante persone formano la famiglia Bruni?
2) Chi sono il padre e la madre di Marco, Sergio, Maria e Luisa?
3) Quali sono i nomi dei figli e delle figlie?
4) Dove vive la famiglia Bruni?
5) L'edificio è una costruzione nuova o vecchia?
6) Quanti piani ci sono sopra il pianterreno?
7) Quante stanze ha l'appartamento?
8) Come sono la cucina e il corridoio?
9) Ci sono finestre e balconi nelle stanze?
10) Come sono il pavimento e il soffitto?

Luciana incontra Marco

Luciana	(un'amica di Marco): Buon giorno, Marco, come stai?
Marco:	Buon giorno, Luciana. Bene, grazie. E tu come stai?
L.	Non c'è male. Da dove vieni?
M.	Vengo dall'Università. Sono stato tutta la mattina con Robert, un amico svizzero. **Lo** conosci?
L.	Sí, **lo** conosco, ma non **lo** vedo da molti giorni. **L'ho** conosciuto tre mesi fa, d'estate a Napoli.
M.	Ho accompagnato **lui** e una sua amica spagnola, Carmen. Conosci anche **lei**?
L.	No, non **la** conosco; conosco solo **lui**.
M.	Siamo stati insieme anche in un grande negozio dove Carmen ha visto due belle cravatte e **le** ha comprate per regalar**le** a Robert. **Li** ho lasciati poco fa.
L.	Ti prego di dare **a lui** il mio numero di telefono, quando **lo** vedi. Voglio invitare **lui** e questa ragazza spagnola a casa.
M.	Non **so** quando posso veder**lo**. Stasera devo telefonare a Carmen. **Le** devo telefonare per dar**le** una risposta.
L.	Allora aspetto la tua telefonata. Ciao!
M.	Ciao, Luciana.

stasera = questa sera

Verbo CONOSCERE	Presente indicativo: Io conosco, tu conosci, egli (essa, Lei) conosce, noi conosciamo, voi conoscete, essi (esse, Loro) conoscono.
	participio passato: conosciuto - Io ho conosciuto
Verbo SAPERE	pres. indic.: so, sai, sa, sappiamo, sapete, sanno
	part. pass.: saputo - Io ho saputo

Verbo CAPIRE	pres. indic.: capisco, capisci, capisce, capiamo, capite, capiscono.
	part. pass.: capito - Io ho capito
Verbo VEDERE	pres. indic.: vedo, vedi, vede, vediamo, vedete, vedono
	part. pass.: visto (veduto) - Io ho visto (ho veduto)
Verbo VENIRE	pres. indic.: vengo, vieni, viene, veniamo, venite, vengono.
	part. pass.: venuto - Io sono venuto

I pronomi

Io sono Marco	Luciana conosce **me**	Luciana **mi** conosce
Tu sei Luciana	Marco conosce **te**	Marco **ti** conosce
Egli è Marco	Luciana conosce **lui**	Luciana **lo** conosce
Essa è Luciana	Marco conosce **lei**	Marco **la** conosce
Lei è il direttore	Aldo conosce **Lei**	Aldo **La** conosce

Noi siamo Robert e Carmen	Marco conosce **noi**	Marco **ci** conosce
Voi siete Robert e Carmen	Marco conosce **voi**	Marco **vi** conosce
Essi sono due amici stranieri	Marco conosce **loro**	Marco **li** conosce
Esse sono due amiche	Marco conosce **loro**	Marco **le** conosce

Loro sono **i signori Bruni**	Luciana conosce **Loro**	Luciana **li** conosce

Io   : di me, a me, da me, in me, con me, su (di) me, per me, tra (fra) me.
tu   : di te, a te .....
egli : di sé (di lui) .....
essa : di sé (di lei) .....
(lei)

noi   : di noi .....
voi   : di voi .....

essi : di loro .....
esse : di sé .....

Anna apparecchia la tavola

Anna prende **il piatto** e **lo** mette sulla tavola

Anna prende **la bottiglia** e **la** mette sulla tavola

Anna prende **i bicchieri** e **li** mette sulla tavola

Anna prende **le forchette** e **le** mette sulla tavola

Apparecchiare la tavola = mettere piatti, cucchiai, coltelli, forchette... sulla tavola

Apparecchiare ⟷ sparecchiare

Marco dà **a Robert** il numero del telefono
Marco **gli** dà il numero del telefono

Marco telefona **a Carmen**
Marco **le** telefona

Signora, **la** prego di informare il direttore
Professore, **la** prego di ripetere la domanda

Signora, **le** posso dare le mie sigarette? (le = a lei, signora)
Professore, **le** do il mio quaderno degli esercizi (le = a lei, professore)

Esercizio

> Sostituire ai puntini il pronome:
> (Esempio: Hai accompagnato tu oggi Mario a scuola? Sí, ... ho accompagnato
io - Sí, **lo ho** accompagnato io - **l'ho** accompagnato)

 1. Hai accompagnato tu oggi Mario a scuola? - Sí, ... accompagnato io.
 2. Vuole comprare questa gonna, Signora? - No, non ... voglio comprare.
 3. Vedete quella camicetta là a sinistra? - Sí, ... vediamo.
 4. Avete comprato le sigarette? — Sí, ... abbiamo compra**te**
 5. Avete comprato i fiammiferi? — No, non ... abbiamo compra**ti**
 6. Scrivete oggi a Paolo? — Sí, ... scriviamo.
 7. Hai visto la signora Anna? — No, non ... vis**ta** (veduta)
 8. Hai scritto l'esercizio? — Sí, ... scritto
 9. Inviti i tuoi amici per questa sera ? — Sí, ... invito
10. Dove metto la bottiglia? — ... metto sul tavolo
11. Conosci i miei genitori? — No, non ... conosco
12. Capisci tutte le parole del dialogo? — No, non ... capisco tutte.

Esercizio

> Come sopra:

 1. Il tuo amico mi conosce, ma non ... saluta.
 2. Non ti ha salutato, perché non ... ha visto.
 3. Quel signore non ci conosce bene, ma ... saluta sempre.
 4. Non vi ho invitati, perché non ... ho visti questa mattina.
 5. Quando sorge il sole, noi ... vediamo dalla nostra finestra.
 6. Ho visto i giornali e ... ho comprati.
 7. Questi sono i miei amici e ... accompagno all'aeroporto.
 8. Questi pochi bagagli ... metto in macchina.
 9. Ora torniamo a casa perché i nostri bambini ... aspettano.
10. Io ti vedo, ma tu non ... vedi.
11. Paolo prende il libro e ... apre a pagina 20.
12. I miei pantaloni non sono nuovi, ... ho comprati l'anno scorso.

Esercizio

> Come il precedente:

 1. Abbiamo in casa un bel cane; ... volete vedere?
 2. Arriva l'autobus: ... prendiamo tutti?
 3. Il professore parla chiaramente, ma io non ... capisco.
 4. Ho visto Gino, ... ho salutato e ... ho dato la tua lettera.
 5. Quando vedo Maria ... parlo sempre del suo amico Paolo.

6. Hai incontrato Guido? Io non ... vedo da tre mesi.
7. Le stelle sono grandi, ma noi ... vediamo piccole.
8. L'estate è una stagione calda; ... preferisco alle altre stagioni.
9. Quando i ragazzi parlano io ... ascolto volentieri.
10. Signorina, questa è la Sua borsetta; ... ha dimenticata sulla sedia.
11. Oggi arrivano i nostri amici; ... aspettiamo nel pomeriggio.
12. Loro prendono il caffè freddo, io ... prendo caldo.

> chiaramente = con parole chiare, facili
> sempre = in ogni tempo

Esercizio

Sostituire i nomi con un pronome:

(Esempio: Io vedo Pietro - Io **lo** vedo)

1) Io vedo Pietro. 2) Lui chiude la finestra. 3) Il direttore aspetta l'impiegato. 4) Non compro le sigarette. 5) Ha dimenticato il fazzoletto a casa. 6) Non abbiamo fatto l'esercizio. 7) Salutano gli amici. 8) Hanno informato la famiglia. 9) Leggiamo il giornale ogni mattina. 10) Oggi scrivo a Giulia. 11) Ieri ho telefonato a Marco. 12) Preferisco le cravatte rosse. 13) Conosco quei signori. 14) Non abbiamo aperto la porta. 15) Aspetto a casa i genitori di Marco. 16) Non voglio il caffè a quest'ora. 17) Abbiamo incontrato Luisa al bar. 18) Porto subito la valigia. 19) A Paolo diamo il giornale. 20) A Luisa diamo i libri.

> subito = presto, tra poco;   ogni mattina = tutte le mattine

Marco risponde a una lettera del suo amico Franz e gli dà le prime notizie sulla sua famiglia.

Roma, 5 marzo 1978

Caro Franz,
rispondo in italiano perché tu conosci un poco la mia lingua e puoi capire quasi tutto.
Tu sai che io **mi chiamo** Marco, che ho 19 anni e frequento l'università di Roma; ma non sai come **si chiamano** gli altri miei familiari. **Mio padre si chia-**

89

ma Aldo, **mia madre** Anna, **mio fratello** Sergio e **le mie sorelle** Maria e Luisa.

Mia sorella Maria ha 16 anni ed è **studentessa** di liceo, Sergio ha 13 anni ed è **studente** di scuola media, la piccola Luisa ha solo 9 anni e frequenta la scuola elementare.

Mio padre è un uomo alto e robusto, ha i capelli neri e gli occhi scuri; **mia madre** invece non è robusta, è bionda con gli occhi celesti come Sergio e Luisa.

Io e Maria siamo bruni come babbo e come ... il nostro cognome! Nella nostra famiglia siamo tutti di statura alta.

I miei genitori sono giovani e lavorano molto per la famiglia, papà come impiegato in un ufficio e mamma a casa.

Per oggi basta; altre notizie nella prossima lettera.

Affettuosi saluti anche alla tua fidanzata
tuo Marco

Scuro ⟷ chiaro

Celeste = del colore del cielo (= azzurro chiaro)
la fidanzata = non ancora moglie
bruno = scuro; affettuoso = caro

— la lettera, la busta, il foglio (di carta)
— l'indirizzo, il destinatario, il mittente
— il francobollo, la raccomandata, l'espresso
— la cartolina (postale, illustrata)
— fermo posta, casella postale
— scrivere una lettera, spedire un telegramma

Rispondere alle domande:

1) Come ti chiami? (Qual è il tuo nome?)
2) Qual è il tuo cognome?
3) Come si chiamano tuo padre e tua madre?
4) Hai fratelli e sorelle?
5) Alle signorine non chiediamo l'età: ma lei, signore, quanti anni ha?
6) Quante persone formano la tua famiglia, Hai il fidanzato? (la fidanzata?)
7) Sono alti o bassi i tuoi genitori? (i tuoi fratelli? i tuoi figli?)
8) Signorina, di che colore sono i suoi occhi?
9) Qual è il colore dei suoi capelli, Signora?
10) Qual è il tuo indirizzo?

chiedere = domandare

I **parenti** della famiglia Bruni

I genitori di Aldo e Anna Bruni sono **il nonno** e **la nonna (i nonni)** di Marco.

Il padre e la madre di Aldo sono **il suocero** e **la suocera (i suoceri)** di Anna: Anna è **la loro nuora.**

I genitori di Anna sono i suoceri di Aldo. Aldo è **il loro genero.**

Il fratello e la sorella di Anna sono **il cognato** e **la cognata (i cognati)** di Aldo Bruni e **lo zio** e **la zia (gli zii)** dei quattro ragazzi.

Il figlio e la figlia degli zii sono **il cugino** e **la cugina (i cugini)** di Marco, Sergio, Maria e Luisa.

Marco e Maria sono **il nipote** e **la nipote (i nipoti)** dei nonni e degli zii.

Il fidanzato non è ancora il marito
La fidanzata non è ancora la moglie

Lo so — Non **lo** so

$$Ne = \begin{cases} \text{di questo-a di quello-a} \\ \text{di questi-e di quelli-e} \\ \text{di ciò} \\ \text{una certa quantità di .....} \\ \text{una certa parte di ....} \\ \text{un certo numero di .....} \end{cases}$$

Sai come mi chiamo io?
Sí, **lo** so. Ti chiami Marco.

Sapete quanti anni ho?
No, non **lo** sappiamo.

Scusa, sai a che ora parte l'aereo?
Non **lo** so.

Quante cravatte ha comprato Carmen?
Ne ha comprate due.

Quante canzoni italiane conosci?
Ne conosco poche.

Quanti cugini hai?
Ne ho due.

91

Scusi, sa dov'è la fermata dell'autobus?
Non **lo** so, signore.

Scusate, sapete quando arriva il treno?
No, non **lo** sappiamo.

Perché non è arrivata la nave?
Non **lo** so.

Di chi sono queste chiavi?
Non **lo** so.

Sai chi è quel signore?
Non **lo** so.

Hai letto questo libro giallo?
Ne ho letto solo venti pagine.

Bevete molto caffè?
Ne beviamo poco; preferiamo il tè.

Vuole un'arancia, signore?
No, non **ne** voglio, grazie.

Hai parlato di questo (=di ciò) a Paolo?
Non **ne** ho parlato ancora.

Ho finito le sigarette.
Non **ne** ho piú.

Esercizio

Rispondere alle domande adoperando «lo so», «non lo so», «ne»:
(Esempio: Sai dove abito io? — No, **non lo so**).

1. Sai dove abito io?	no
2. Sapete che ore sono?	sí
3. Sai quanti anni ho io?	no
4. Quanti caffè bevi al giorno?	due
5. Sai dove sono i tuoi nonni?	no
6. Sapete quando ritornano i vostri cugini?	no
7. Hai fatto uno o due esercizi?	due
8. Quante sigarette hai?	dieci
9. Quanti amici stranieri hai?	pochi

Conversazione
Al telefono

Carmen: Pronto. Chi parla?
Marco: Sono Marco
C. Ciao, Marco, sono Carmen
M. Ah, bene; mi fa piacere trovare anche te. Desidero (= voglio) parlare con Robert.
C. Te lo passo, ciao!
M. Pronto, Robert? Ti telefono per dirti che Luciana, la mia amica che hai conosciuto a Napoli, ci invita tutti a casa sua. Potete venire questa sera tu e Carmen?
Robert: Volentieri. Ma non so dove abita.
M. Ti do il suo numero di telefono, ma stasera passo a prendervi io con la mia macchina alle otto.
R. Va bene. Grazie. Ciao.

mi fa piacere = per me è una bella notizia; sono contento
desiderare = volere
te lo passo = chiamo lui al telefono per te

All'ufficio postale

— Per piacere, devo spedire questa lettera raccomandata; la prego di darmi anche i francobolli per due cartoline illustrate.
— Per via aerea?
— Sí, tutto per via aerea.
— Ecco la ricevuta della raccomandata. Può darmi anche le cartoline. Non è necessario imbucarle nella cassetta.
— Grazie. Per spedire un telegramma qual è lo sportello?
— Il numero 2; sul tavolo ci sono i moduli.
— Fino a che ora resta aperto l'ufficio?
— Per le raccomandate fino alle 17; per i telegrammi l'ufficio è sempre aperto al pubblico, anche di notte.
— Grazie, molto gentile.
— Prego. Ecco il resto.

500 —	cinquecento meno (—)
450 =	quattrocentocinquanta uguale (=)
50	cinquanta (**il resto**)

il pubblico = la gente, le persone

Esercizi integrativi

1. S. Noi siamo Sergio e Marco
   R. Noi ci chiamiamo Sergio e Marco.

Voi siete Maria e Luisa
Io sono Paolo
I genitori di Marco sono Aldo e Anna
Tu sei Carmen
Lui è Guido
Lei è Luciana
Loro sono Ugo e Silvia
Io sono Giovanni.

2. S. Vi chiamate Robert e Carmen
   R. I vostri nomi sono Robert e Carmen.

Ci chiamiamo Gina e Giulia
Si chiamano Aldo e Anna

93

Ti chiami Luciana
Si chiama Guido
Mi chiamo Giovanni
Si chiama Paolo
Mi chiamo Luisa
Ci chiamiamo Sergio e Marco.

3. S. Scusi, Lei si chiama Roberto?/No, ... Giovanni
   R. No, mi chiamo Giovanni.

Scusa, ti chiami Marco?/No, ... Sergio
Scusate, vi chiamate Maria e Luisa?/Sí, ... Maria e Luisa
Scusate, si chiama Ugo quel ragazzo?/No, quel ragazzo ..... Paolo
Scusa, si chiama Silvia quella signorina?/Sí, quella signorina ..... Silvia
Scusate, vi chiamate Marco e Sergio?/No, ... Guido e Paolo
Scusa, si chiamano Gina e Giulia quelle ragazze?/Sí, ... Gina e Giulia
Scusa, ti chiami Luciana?/No, ... Luisa
Scusi, Lei si chiama Anna?/Sí, ... Anna.

4. S. La mia casa è alla periferia di Roma
   R. Dov'è la tua casa?

Il tuo ufficio è in una vecchia costruzione del centro
Il loro appartamento è in una costruzione nuova
Il nostro appartamento è al primo piano
Il soggiorno (o sala da pranzo) è a destra dell'ingresso
Il salotto è a sinistra dell'ingresso
La camera da letto dei genitori è la prima a destra nel corridoio
La camera da letto nostra è l'ultima a destra nel corridoio
I due bagni qui sono dopo la cucina, uno a sinistra e uno a destra.

5. S. La loro casa è moderna
   R. Com'è la loro casa?

Il nostro appartamento è grande
La costruzione è nuova
La cucina è spaziosa
Il corridoio è lungo
Lo stanzino (o il ripostiglio) è piccolo, ma largo
Il pavimento è di colore chiaro
Le pareti sono di colore chiaro
Il soffitto è basso.

6. S. Quanti sono i Bruni?
    R. I Bruni sono sei.

Quante sono le figlie?
Quanti sono i figli?
Quanti sono i piani della loro casa?
Quante sono le loro stanze?
Quante sono le camere da letto?
Quanti sono i bagni dell'appartamento?
Quanti sono i salotti?
Quanti sono i ripostigli? (o gli stanzini?)

7. S. Anna vive quasi tutto l'anno a Roma
    R. Anna abita quasi tutto l'anno a Roma.

Tu vivi quasi tutta l'estate a Venezia
Noi viviamo **insieme con** i nonni (insieme con = con)
Essi vivono **soli** in un grande appartamento (soli = senza altre persone)
Il professore vive alla periferia della città
Voi vivete con i genitori
Io vivo da molti giorni in un appartamento nuovo
Tu non vivi piú in una vecchia casa
La nostra amica vive al centro della città.

8. S. Conoscete mia madre?/No/Sí
    R. No, non la conosciamo/Sí, la conosciamo.

Conoscete anche mio padre?/No
Conosci i miei figli?/Sí
Conoscono il mio fidanzato?/No
Conosciamo il suo numero di telefono?/No
Conosce anche quelle persone?/Sí
Conoscono i miei nonni e i miei zii?/Sí
Conosci i suoceri e la nuora?/No
Conosco i tuoi cugini?/Sí
Conoscete anche la nipote?/No

9. S. Avete conosciuto mia madre?
    R. Sí, la conosciamo già.

Avete conosciuto anche mio padre?
Hai conosciuto i miei figli?
Hanno conosciuto la mia fidanzata?
Abbiamo conosciuto i vostri amici?

Ha conosciuto anche quelle persone?
Hanno conosciuto i miei nonni e i miei zii?
Hai conosciuto i suoceri e la nuora?
Ho conosciuto i tuoi cugini?
Avete conosciuto anche la nipote?

10. S. Ha finito la lettera, signorina?
    R. Sí, l'ho finita

Ha messo anche i saluti?
Ha comprato i francobolli all'ufficio postale?
Ha scritto l'indirizzo sulla busta?
Ha scritto chiaro il nome del destinatario?
Ha chiuso bene la busta?
Ha messo anche il nome e il cognome del mittente?
Ha già spedito la lettera?
Ha comprato anche la cartolina postale?

11. S. Essi scrivono una cartolina illustrata **alla loro amica**
    R. Essi **le** scrivono una cartolina illustrata.

Noi mandiamo a lei anche i nostri saluti affettuosi
Voi lasciate il vostro indirizzo all'amico
Tu regali dei fiori alla mamma
Io regalo un ombrello nuovo al babbo
Noi compriamo delle sigarette al nonno
Lei non chiede l'età alla signora
Io mando un saluto a mio zio
Essi comprano i fiammiferi agli zii.

12. S. Vedono Ugo e salutano Ugo
    R. Vedono Ugo e lo salutano.

Incontrano me e salutano me
Lasciamo lui e incontriamo lui ancora
Prendiamo le forchette e mettiamo le forchette sul tavolo
Comincio il lavoro e finisco il lavoro
Tu fai gli esercizi e lasci gli esercizi a casa
Lei compra le uova e regala le uova
La studentessa svizzera legge la lezione e ripete la lezione
Accompagnano l'amico all'aeroporto e salutano l'amico.

13. S. Quando le telefoni?/subito
    R. Le telefono subito!

Quando leggi la lettera?/stasera
Quando hai spedito la lettera?/Avantieri

Quando lavorate voi?/Sempre
Quando lavorano loro?/Ogni giorno
Quando può venire?/Ogni domenica
Quando ti telefona?/Ogni mattina
Quando apparecchiate la tavola?/Subito
Quando le avete risposto?/Due giorni fa
Quando posso sparecchiare la tavola?/Ora, subito

14. S. Lo stanzino non è grande
     R. Com'è lo stanzino?

I suoi occhi sono celesti
I tuoi occhi sono azzurro-chiaro
Le pareti della mia stanza non sono scure
Il corridoio non è corto
I suoi capelli sono bruni
I suoi capelli non sono chiari
La costruzione non è vecchia
Il pavimento non è scuro
Il soffitto non è alto.

15. S. Aldo è il marito di Anna/Anna
     R. Anna è la moglie di Aldo.

Marco è il fratello di Maria/Maria
Luisa è la sorella di Sergio/Sergio
Anna è la mamma (= la madre) di Marco, Sergio, Maria e Luisa/M. S. M. e L.
Aldo è il babbo (= il padre) di Marco, Sergio, Maria e Luisa/M. S. M. e L.
Aldo e Anna sono i genitori di Marco, Sergio, Maria e Luisa/M. S. M. e L.
Franco e Luciana sono i suoceri di Aldo/Aldo
Anna è la nuora di Pietro e Laura/Pietro e Laura
Marco e Maria sono i nipoti di Pietro e Laura/Pietro e Laura
Il fratello e la sorella di Anna sono gli zii di Marco/Marco.

16. S. Molte persone non sono gentili/spesso
     R. Spesso molte persone non sono gentili.

L'impiegato dell'ufficio è gentile/sempre
Maria e Luisa apparecchiano la tavola/stasera
Vengono a sparecchiare la tavola/subito
Il professore spiega chiaramente la lezione/sempre
Mio marito accompagna volentieri i bambini/ogni mattina
Sono arrivati mio suocero e mia suocera/tre giorni fa
Il genero è affettuoso e gentile con la suocera/non sempre
La nuora è stata affettuosa con la suocera/poco fa.

97

Lezione settima

Domani arriveranno gli zii

Oggi è il 15 giugno

Domani sarà il 16 giugno

Domani in casa Bruni **arriveranno** il fratello del signor Aldo e sua moglie. Sono gli zii piú cari dei quattro ragazzi.

Prenderanno il treno che parte da Verona prima di mezzanotte e **saranno** a Roma alle otto del mattino. **Resteranno** a Roma due settimane ed **avranno** il tempo per visitare bene la città. **Saranno** quindici giorni di gran movimento in casa Bruni, perché tutti **cercheranno** di rendere piacevole agli zii il soggiorno romano.

Dormiranno in un albergo vicino alla casa dei parenti, ma per il resto **saranno** ospiti dei Bruni.

Allo zio interessano molto le opere d'arte e i musei; a Roma ne **potrà** visitare molti e i nipoti lo **accompagneranno** in queste visite. La zia **preferirà** certamente andare ogni mattina a vedere le vetrine dei negozi eleganti e forse **farà** anche degli acquisti. Ma per questi **dovrà** aspettare i pomeriggi, quando **sarà** libera la signora Anna.

Tutti sono contenti, soprattutto i ragazzi, di rivedere gli zii che non vengono a Roma da piú di tre anni.

(Una cosa mi interessa = per me è interessante, desidero vederla, conoscerla)

piú di ⟷ meno di

(piacevole = che fa piacere)

piacevole ⟷ spiacevole

Rispondere alle domande:

1. Quando arriveranno gli zii **in casa Bruni**? (= nella casa dei Bruni)
2. Quale treno prenderanno?
3. Quando saranno a Roma?
4. Quanto tempo resteranno a Roma?
5. Perché saranno 15 giorni di gran movimento per i Bruni?
6. Dove dormiranno gli zii?
7. Che cosa interessa vedere allo zio?
8. Lo accompagnerà la zia nelle visite ai musei?
9. Che cosa farà la zia ogni mattina?
10. Quando potrà fare degli acquisti?

INDICATIVO FUTURO SEMPLICE

		ESSERE		AVERE	
	Io	sarò		avrò	
	Tu	sarai		avrai	
	Egli				
	Essa	sarà		avrà	
domani	Lei		in ufficio		ospiti a casa
	Noi	saremo		avremo	
	Voi	sarete		avrete	
	Essi				
	Esse	saranno		avranno	
	Loro				

ARRIVARE		PRENDERE		DORMIRE	
Io arriverò		prenderò		dormirò	
Tu arriverai		prenderai		dormirai	
Egli					
Lei arriverà	domani	prenderà	il treno	dormirà	tutto il pomeriggio
Noi arriveremo		prederemo		dormiremo	
Voi arriverete		prenderete		dormirete	
Essi					
Esse arriveranno		prenderanno		dormiranno	
Loro					

| mette in ordine i libri | scrive una lettera | ascolta musica e legge giornali | squilla il telefono |

Esercizio

Mettere i verbi al passato prossimo (**ieri**) e al futuro (**domani**):

OGGI

Oggi **lavoro** in casa. **Metto** in ordine alcuni libri (= dei libri) nello studio, **scrivo** delle lettere (= alcune lettere) e poi **passo** il tempo ad ascoltare musica e a leggere giornali. Qualche amico **viene** a trovarmi come ogni fine settimana e così **ho** modo di parlare con loro di argomenti di attualità. **È** una giornata di riposo completo; **lascio** squillare il telefono senza rispondere e non **penso** a niente, non **ho** le solite preoccupazioni di ogni giorno e **sono** un uomo felice.

la fine ⟷ l'inizio

il riposo ⟷ il lavoro

non parlo = non dico niente
la fine = l'ultima parte
l'inizio = la prima parte
squillare = suonare
solito = di ogni giorno, di sempre.

IERI

Ieri **ho lavorato** in casa. **Ho messo** in ordine ..... ecc. ecc.

100

DOMANI

Domani **lavorerò** in casa. **Metterò** in ordine ..... ecc. ecc.

Esercizio

Mettere al futuro il verbo tra parentesi:
(Esempio: Lo zio (arrivare) domani - Lo zio **arriverà** domani)

1) Lo zio (arrivare) domani. 2) Noi (essere) subito liberi ed (avere) tempo di parlare di tutto. 3) Gli amici (cominciare) ad arrivare alle otto. 4) Certamente i nonni (partire) domani da Milano, ma (fare) un telegramma o (telefonare) per comunicarci l'ora di arrivo. 5) Tu (accompagnare) lo zio, io (accompagnare) la zia; noi (fare) tutti gli acquisti e (essere) a casa a mezzogiorno. 6) Voi (uscire) nel pomeriggio con noi, ma (tornare) soli, perché io (restare) in ufficio fino a tardi e la mamma (dovere) incontrare una sua amica. 7) Domani non (esserci) lavoro in ufficio; io (dormire) fino alle dieci, poi (fare) una passeggiata. 8) Lei, signora, (essere) con noi questa sera? 9) Noi (essere) liberi e (potere) fare una partita a carte. 10) Voi (prendere) il treno; io (prendere) l'aereo, (partire) dopo ed (arrivare) prima di voi.

l'arrivo ⟷ la partenza

partita a carte = partita (o gioco) a poker, a bridge ecc. ...

FUTURO

potere:	potrò,	potrai,	potrà,	potremo,	potrete,	potranno
volere:	vorrò,	vorrai,	vorrà,	vorremo,	vorrete,	vorranno
dovere:	dovrò,	dovrai,	dovrà,	dovremo,	dovrete,	dovranno

Dei libri = alcuni libri = **qualche** libro
Delle lettere = alcune lettere = **qualche** lettera.

Eserc̦izio

Sostituire «alcuni», «alcune» con «qualche»:

(Eșempio: A casa abbiamo **alcuni quadri** antichi - A casa abbiamo **qualche quadro** antico).

1) A casa abbiamo alcuni quadri antichi. 2) Ho visto nel giardino alcuni ragazzi e alcune ragazze. 3) Alcuni giorni fa abbiamo parlato di te. 4) Siamo stati alcune settimane senza tue notizie. 5) Hai comprato alcuni giornali ed alcune riviste. 6) In questo eserc̦izio ci sono alcuni errori gravi. 7) Di questo libro ho letto soltanto (solo) alcune pagine. 8) Alcuni amici vengono a trovarmi spesso. 9) Ho visto alcune paia di scarpe veramente eleganti. 10) Arriveremo con alcune ore di ritardo.

rivista (peri̦odico) = giornale che esce ogni settimana (o ogni 15 giorni, ogni mese, ecc.)
errore = cosa non giusta; grave = grande

Io ti **saluterò** domani,
partirò dopodomani

      Prima ti saluterò

      Dopo partirò

      Dopo che ti **avrò salutato** partirò

1) **Prima** arriverò alla stazione   **Dopo** ti telefonerò
     Quando sarò arrivato alla stazione, ti telefonerò.

2) **Prima** arriver̦ai a casa mia   **Dopo** parleremo di tutto
     Quando sar̦ai arrivato a casa mia, parleremo di tutto.

3) **Prima** prenderà il caffè con noi **Dopo** tornerà a casa sua
     Dopo che avrà preso il caffè con noi, tornerà a casa sua

4) **Prima** prenderemo l'aperitivo   **Dopo** ceneremo
     Dopo che avremo preso l'aperitivo, ceneremo.

5) **Prima** dormirete qualche ora   **Dopo** sarete riposati
     Se avrete dormito qualche ora, sarete riposati.

6) **Prima** dormiranno molto   **Dopo** potranno viaggiare tutto
                                il giorno.
     Se avranno dormito molto, potranno viaggiare tutto il giorno.

cenare = mangiare il pasto della sera (o della notte)
viaggiare = andare da una città o da un paese all'altro in aereo, treno, nave, autobus, macchina o altro.

FUTURO ANTERIORE

		ARRIVARE		PRENDERE		DORMIRE
Io	sarò	arrivato-a	avrò	preso	avrò	dormito
Tu	sarai	arrivato-a	avrai	preso	avra	dormito
Egli (Essa, Lei))	sarà	arrivato-a	avrà	preso	avrà	dormito
Noi	saremo	arrivati-e	avremo	preso	avremo	dormito
Voi	sarete	arrivati-e	avrete	preso	avrete	dormito
Essi (Esse, Loro)	saranno	arrivati-e	avranno	preso	avranno	dormito

Nota: Nella forma composta del futuro (anteriore) ogni verbo ha lo stesso ausiliare usato per il passato prossimo.

Es.: arrivare — sono arrivato — sarò arrivato
Es.: prendere — ho preso — avrò preso

Esercizio

Sostituire all'infinito tra parentesi il futuro anteriore:
(Esempio: Dopo che (leggere) il libro, lo darò a te -
Dopo che **avrò letto** il libro, lo darò a te)

1) Dopo che (leggere) il libro, lo darò a mia sorella.
2) Quando io (finire) il lavoro, verrò a trovare tuo padre.
3) Se voi (arrivare) in tempo, lo sapremo domani.
4) Se non (ricevere) altre notizie, domani starò a casa.
5) Quando essi (finire) il vino, berranno acqua.
6) Quando tutti (parlare), io potrò rispondere.
7) Dopo che gli amici (partire), verranno a casa nostra i parenti.
8) Dopo che questi ragazzi (comprare) vestiti, camicie e cravatte, rimarranno senza denaro.
9) Se noi non (venire) tra due ore, voi terrete il bambino a casa vostra.
10) Dopo che lei (mettere) gli occhiali, vedrà tutto chiaro.
11) Dopo che voi (visitare) Milano, andrete a Venezia.
12) Se la mamma (sistemare) bene la sedia, il bambino non cadrà.
13) Quando io (arrivare) in Italia, non vivrò sempre nella stessa città.
14) Dopo che (vedere) molti negozi, faranno gli acquisti.
15) Dopo che io (scrivere) la lettera, ascolterò musica leggera.

denaro = ciò che serve a comprare le cose (lira, sterlina, dollaro, marco).
musica leggera = canzoni.

103

Pagina centoquattro

FUTURO						
ANDARE	andrò,	andrai,	andrà,	andremo,	andrete,	andranno (sarò andato-a)
DARE	darò,	darai,	darà,	daremo,	darete,	daranno (avrò dato)
FARE	farò,	farai,	farà,	faremo,	farete,	faranno (avrò fatto)
STARE	starò,	starai,	starà,	staremo,	starete,	staranno (sarò stato-a)
BERE	berrò,	berrai,	berrà,	berremo,	berrete,	berranno (avrò bevuto)
CADERE	cadrò,	cadrai,	cadrà,	cadremo,	cadrete,	cadranno (sarò caduto-a)
RIMANERE	rimarrò,	rimarrai,	rimarrà,	rimarremo,	rimarrete,	rimarranno (sarò rimasto-a)
SAPERE	saprò,	saprai,	saprà,	sapremo,	saprete,	sapranno (avrò saputo)
TENERE	terrò,	terrai	terrà,	terremo,	terrete,	terranno (avrò tenuto)
VEDERE	vedrò,	vedrai,	vedrà,	vedremo,	vedrete,	vedranno (avrò veduto avrò visto)
VIVERE	vivrò,	vivrai,	vivrà,	vivremo,	vivrete,	vivranno (avrò vissuto- sarò vissuto)
VENIRE	verrò,	verrai,	verrà,	verremo,	verrete,	verranno (sarò venuto-a)

Esercizio

Sostituire all'infinito tra parentesi il futuro semplice:
(Esempio: Se tu (venire) presto, (noi andare) al cinema;
Se tu **verrai** presto, **andremo** al cinema).

1) Se tu (venire) presto, (noi andare) al cinema.
2) Fra qualche settimana (arrivare) l'autunno e (cadere) le foglie dagli alberi.
3) Noi (sapere) domani quando (arrivare) gli zii e i nonni.
4) La nuora non (vivere) mai volentieri con la suocera.
5) Nel pomeriggio (noi fare) una lunga passeggiata.
6) Se voi (rimanere) a casa, noi vi (dare) nostre notizie stasera.
7) Carlo e Maria (venire) con noi e (vedere) la nostra nuova automobile.
8) Io (tenere) questo libro qualche giorno ancora.
9) Noi (andare) al ristorante: noi (bere) vino, tu (bere) acqua minerale.
10) Il professore (restare) in classe, perché tra qualche minuto (venire) gli allievi dell'altro corso.
11) Essi (venire) quando (sapere) che (potere) restare a casa nostra molti giorni.
12) Io (rimanere) a Roma due mesi, dopo (andare) a Parigi.

104

Che cosa fa? (= che cosa sta facendo?)

| gioca | scende | sale |
| sta giocando a carte | sta scendendo | sta salendo |

	GIOCARE	SCẸNDERE	SALIRE	FINIRE
gerụndio	giocando	scendendo	salendo	finendo

	FARE	DIRE	BERE	PORRE	CONDURRE
gerụndio:	facendo	dicendo	bevendo	ponendo	conducendo

Esercịzio

Sostituire nelle frasi seguenti il presente indicativo con la forma del verbo **stare** + **il gerụndio**:

(Esẹmpio: Il treno **parte** - Il treno **sta partendo**)

1) Il treno parte. 2) Carlo piange. 3) Marịa ride. 4) Giụlio beve una birra. 5) Il professore spiega la lezione. 6) Il ragazzo dice la verità. 7) Noi facciamo una passeggiata. 8) Conduce l'amico a casa. 9) Arrịvano da Napoli. 10) Parliamo del nostro nuovo appartamento. 11) Mio fratello chiude la finestra. 12) Tuo zio telẹfona al mẹdico. 13) Finisce l'autunno e comịncia l'inverno. 14) Cạdono le ụltime fọglie. 15) Ẹscono dall'albergo. 16) Leggo.l'ụltimo libro del grande scrittore. 17) Gli amici pạrtono con poche valịgie. 18) Fumo la prima sigaretta della giornata. 19) Perdete il vostro tempo. 20) Che cosa fai?

La verità = le cose vere, le cose come sono veramente
lo scrittore scrive libri

105

Alla stazione

— Il nostro treno per Milano parte alle 7,25; ma non so da quale binario. L'orario ferroviario non lo indica!
— Chiederemo all'ufficio informazioni o alla biglietteria.
Intanto possiamo lasciare qui le valigie e tu vai a fare i biglietti a quello sportello dove c'è poca gente.
— Tre biglietti per Milano andata e ritorno, prima classe:
due interi ed uno ridotto per ragazzo.
— Scusi su questo treno c'è il vagone ristorante?
— Sí, il treno delle 7,25 è un rapido che ha soltanto la prima classe con «supplemento rapido» e prenotazione dei posti obbligatoria.
— Va bene. Da quale binario parte?
— Dal settimo.

In un'agenzia di viaggi

Bruni: – Buon giorno!
Impiegato: - Buon giorno, signore, che cosa desidera?
Bruni: – Desidero fare un viaggio con la famiglia per visitare alcune città d'Italia. Abbiamo soltanto venti giorni di vacanze.
Impiegato: Quante persone sono?
Bruni: – Siamo sei persone.
Impiegato: Possiamo organizzare il viaggio partendo da Genova e proseguendo per Torino, Milano e Venezia. Dopo Firenze e Roma possono visitare o Napoli e l'isola di Capri o le due grandi isole, la Sicilia e la Sardegna.

Esercizi integrativi

1. S. Noi non restiamo a casa: ceniamo e subito dopo usciamo
    R. Stasera noi non **resteremo** a casa: **ceneremo** e subito dopo **usciremo**.

La signorina non resta a casa: cena e subito dopo esce
Tu non resti a casa: ceni e subito dopo esci
Gli ospiti non restano a casa: cenano e subito dopo escono
Voi non restate a casa: cenate e subito dopo uscite
Io non resto a casa: ceno e subito dopo esco
Il medico non resta a casa: cena e subito dopo esce
I parenti non restano a casa: cenano e subito dopo escono
Gli amici non restano a casa: cenano e subito dopo escono.

2. S. Oggi piove
    R. Oggi **sta piovendo**.

Nevica da un'ora
Squilla il telefono
Sorge il sole
Spunta la luna
Soffia il vento freddo
Cadono molte foglie
Tramonta il sole
Il bambino piange

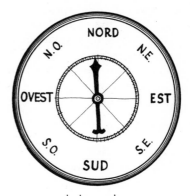

la bussola

nord, sud, est, ovest = i punti cardinali

3. S. Aspettano l'autobus alla fermata
    R. **Stanno aspettando** l'autobus alla fermata.

Il bambino chiude gli occhi
Il medico gli misura la febbre
Leggete un giornale italiano?
Noi apriamo una bottiglia di vino rosso
Due lavorano e due giocano
Ascolto musica leggera italiana
Tu fai una lunga visita al museo
Fratello e sorella dormono da piú di un'ora.

4. S. Tu ripeti spesso gli stessi errori
    R. Tu **stai ripetendo** spesso gli stessi errori.

Ugo telefona ad un suo amico
Lo informa del tuo arrivo
Non bevono un caffè, prendono un aperitivo al bar
In questi giorni mangio poco, ma fumo molto
Scrivi una lettera o metti in ordine i tuoi libri?
Questi signori arrivano e quelli partono ora
Oggi non dimentichiamo niente e non perdiamo tempo
Dopo il vino porta l'acqua minerale.

5. S. Non chiamo un tassí, chiedo che ora è
    R. Non **sto chiamando** un tassí, **sto chiedendo** che ora è.

Non spedisce un telegramma, compra dei francobolli all'ufficio postale.

Non viaggiamo soli, accompagniamo degli amici a Napoli
Voi non scendete, ma salite le scale
Non parla col medico, lo conduce a casa
Non visita la signorina, le misura la febbre
Non troviamo niente, perdiamo tempo
Non cominciano il primo corso, frequentano il secondo
Tu non rispondi, lasci squillare il telefono.

6.   S.   Io voglio dormire fino a tardi
       R.   Io **cerco di dormire** fino a tardi.

Essi vogliono parlare col direttore dell'ufficio postale
Voi volete telefonare a casa vostra
Tu vuoi trovare una camera in questo albergo
Noi vogliamo visitare tutti i musei della città
La mamma vuole pensare a tutto
Lo scrittore vuole finire il libro
Tutti vogliono parlare dello stesso argomento
Io voglio arrivare in tempo alla stazione.

7.   S.   Oggi **alcuni ristoranti** della città sono chiusi.
       R.   Oggi **qualche ristorante** della città è chiuso.

Anche d'inverno alcune giornate sono tiepide
Da alcuni anni tu passi l'estate in Italia
Prima di dormire leggo alcune pagine di un libro
Ogni settimana arrivano a casa alcune lettere
Volentieri la mamma l'accompagna per fare alcuni acquisti
Da più di tre anni fuma alcune sigarette al giorno
Alcune sere preferisco restare a casa
Dobbiamo visitare alcuni negozi prima di comprare.

8.   S.   Cercano di conoscere il tuo indirizzo
       R.   **Cercheranno** di conoscere il tuo indirizzo

Io cerco di invitare anche lei
Noi cerchiamo di mettere in ordine i vestiti
Voi cercate di sistemare le valigie nella camera
Tu cerchi di parlare col medico
Noi cerchiamo di fare il solito lavoro
Lui cerca di trovare del vino o dell'acqua minerale
Molti cercano di avere una giornata di riposo
Gli ospiti cercano di partire con l'aereo.

9. S. Io cerco di fumare poche sigarette al giorno
   R. Io **sto cercando** di fumare poche sigarette al giorno.

Essi cercano di trovare le carte per giocare una partita
Cercate forse di perdere tempo?
I nostri ospiti cercano di prendere il primo treno
Tu cerchi di scendere le scale prima di lui
Noi cerchiamo di comprare quel quadro molto caro
Voi cercate di visitare tutti i musei della città
Io cerco di pensare a un altro argomento
Da piú di tre anni cerca di fare un viaggio in Italia.

10. S. L'ufficio postale **è** chiuso/dopo le otto
    R. L'ufficio postale **resta** chiuso dopo le otto.

Quel ristorante è aperto/fino a tardi
Questo museo è aperto/tutta la settimana
I negozi del centro sono aperti/fino alle sette
I negozi della periferia sono chiusi/dopo le sette
L'albergo vicino a casa è chiuso/un mese all'anno
L'albergo vicino alla stazione è aperto/tutto l'anno
L'Università è chiusa/quindici giorni all'anno
Il loro appartamento è chiuso/tutta l'estate.

11. S. Stanno visitando tutto l'appartamento
    R. **Lo** visitano tutto.

Sto salutando tutti gli amici
Stai fumando tutte le sigarette
State regalando tutti i quadri
Sta comprando tutti i francobolli
Stanno lasciando tutte le valigie
Stiamo invitando tutti i parenti
Sta ripetendo tutti i verbi
State bevendo tutto il vino.

12. S. Devo prendere la medicina
    R. **La** devo prendere/Devo **prenderla**

Dovete spedire il telegramma
Possiamo aprire la finestra?
Vogliono fumare una sigaretta?
Vuoi comprare le cartoline?

Volete dire il vostro numero di telefono?
Puoi sistemare i quadri in questa stanza
Devono ascoltare le ultime notizie
Posso bere un aperitivo.

13. S. Prima cenerai; dopo prenderai la medicina
     R. **Dopo che avrai cenato** prenderai la medicina.

Prima cenerà; dopo prenderà la medicina
Prima ceneremo; dopo prenderemo la medicina
Prima cenerò; dopo prenderò la medicina
Prima ceneranno; dopo prenderanno la medicina
Prima cenerete; dopo prenderete la medicina
Il nonno prima cenerà; dopo prenderà la medicina
I bambini prima ceneranno; dopo prenderanno la medicina
Tu ed io prima ceneremo; dopo prenderemo la medicina.

14. S. Prima termineremo il lavoro; dopo usciremo
     R. Usciremo **quando avremo terminato** il lavoro.

Prima riceverete la notizia; dopo mi telefonerete
Prima visiteranno la città; dopo partiranno
Prima leggerai il giornale; dopo saprai tutto
Prima vedrà le vetrine; dopo farà gli acquisti
Prima verrà il medico; dopo uscirò
Prima mangeremo; dopo berremo il caffè
Prima berranno il caffè; dopo fumeranno la sigaretta
Prima finirai di sistemare i libri; dopo andrai a dormire.

15. S. È bello ascoltare musica
     R. È piacevole ascoltare musica.

È bello avere molto tempo libero
È bello viaggiare senza tante valigie
È bello avere vestiti eleganti
È bello ricevere lettere dagli amici
È bello avere una giornata di riposo
È bello andare a trovare gli amici
È bello fare lunghe passeggiate
È bello non mangiare sempre le solite cose.

16.　S.　Mi interessa visitare musei e opere d'arte
　　　R.　È interessante per me visitare musei e opere d'arte.

Vi interessa leggere la nuova rivista?
Gli interessa vedere la partenza dell'aereo
Le interessa guardare le vetrine dei negozi eleganti
Ti interessa soltanto avere molto denaro
A loro interessa soltanto dormire bene
Ti interessa vedere l'inizio o la fine del film?
Le interessa fare qualche acquisto in città
A loro interessa comprare quadri.

Lezione ottava

Dialogo in classe

Professore: Ieri **ti** ho visto alla fermata dell'autobus e **ti** ho chiamato per salutar**ti**, ma tu non **mi hai** sentito.

Allievo: Veramente, professore, non L'ho sentita, perché quando **La** vedo **La** saluto sempre.

Prof.: Non voglio rimproverar**ti**, lo so che tu sei un giovane educato. La signorina **ci** ascolta e sorride. Perché?

Allieva: Perché io e la mia amica **lo** incontriamo spesso in compagnia di altri ragazzi, ma quasi mai **ci** salutano.

Allievo: Non è vero. Noi cerchiamo di salutar**vi** e voi guardate sempre da un'altra parte. Lei, professore, **le** vede come sono distratte anche in classe!

Prof.: Non sono distratte. Anche loro **mi** ascoltano sempre con attenzione io **vi** ammiro e **vi** apprezzo tutti, perché siete veramente dei bravi allievi.

sorridere = ridere; in compagnia di = con; bravo = buono

distratto ⟷ attento

Pronomi personali diretti

io **ti** ho visto = io ho visto **te**
tu non **mi** hai sentito = tu non hai sentito **me**
quando **la** vedo **la** saluto = quando vedo **lei** saluto **lei**
la signorina **ci** ascolta = la signorina ascolta **noi**
lo incontriamo spesso = incontriamo spesso **lui**
noi cerchiamo di salutar**vi** = noi cerchiamo di salutare **voi**
le vede come sono distratte? = vede come sono distratte **loro**?

Esercizio

Sostituire la forma forte del pronome con la forma debole:
(Esempio: Il professore vede **me** - Il professore **mi** vede)

1) Il professore vede **me**. 2) Anna chiama **noi**. 3) Io incontro **voi** spesso. 4) Quella ragazza saluta **me**. 5) Il professore guarda **te**. 6) Ieri Carlo ha cercato **lui** tutto il giorno. 7) Tu parli ed io ascolto **te**. 8) Mio padre aspetta **me** all'ufficio. 9) Io non conosco **Lei**. 10) La signorina non conosce **voi**. 11) Se parlate piano, io non sento **voi**. 12) Voi vedete **noi**, ma noi non vediamo **voi**. 13) Lei aspetta **Loro** a casa? 14) Noi aspettiamo **lei** qui. 15) La mamma chiama **noi**. 16) Io accompagno **te**. 17) Il professore rimprovera **voi**. 18) Quando lui vede **noi**, saluta **noi**. 19) Se vedo **lui**, invito **lui**. 20) Se vedo **lei**, invito **lei**.

Qui = in questa città, in questo paese, in questo luogo

ieri **ho visto** Carlo = **l'ho visto** ieri
ieri **ho visto** Anna = **l'ho vista** ieri

ho incontrato Marco e Paolo = **li** ho incontrati
ho incontrato Giulia e Maria = **le** ho incontrate
ho incontrato Marco e Giulia = **li** ho incontrati

Pronomi personali indiretti

Paolo offre **a Gina** i fiori

Paolo offre **a lei** i fiori
Paolo **le** offre i fiori

Gina offre **a Paolo** un libro

Gina offre **a lui** un libro
Gina **gli** offre un libro

113

Oggi è festa, tutti fanno dei regali agli amici e ai parenti.
Paolo è molto gentile, conosce da tempo Gina e **le** offre un mazzo di fiori. Gina **gli** regala un libro molto interessante, di attualità.

A. — A lei, signorina, hanno regalato qualche cosa?
B. — Sí, i miei genitori **mi** hanno regalato un vestito elegante.
A. — Che cosa **le** hanno regalato ancora?
B. — I nonni un profumo e mio fratello un disco.
A. — **Le** piace la musica?
B. — **Mi** piace molto; **mi** piacciono specialmente le canzoni italiane.
A. — E a te che cosa hanno regalato?
C. — Niente.
A. — Non **ti** fanno dei regali? Sei triste per questo?
C. — Ancora non ne ho avuti, ma forse questa sera... Io vivo con i nonni; questa sera porterò **loro** (**gli** porterò) una scatola di cioccolatini o di caramelle che **a loro** (**gli**) piacciono molto.

(Specialmente = soprattutto, più delle altre cose)

	a me		mi	
	a te		ti	
	a lui		gli	
	a lei		le	
Gli amici fanno dei regali	a Lei	Gli amici	Le	fanno dei regali
	a noi		ci	
	a voi		vi	
	ad essi			loro
	ad esse		fanno	loro dei regali
	a Loro			Loro

Esercizio

Completare le frasi con i pronomi indiretti:
(Esempio: Che cosa offre Paolo a Gina? ... offre un mazzo di fiori · **Le** offre un mazzo di fiori)

1) Che cosa offre Paolo a Gina? ... offre un mazzo di fiori.
2) Paolo, ... piace ricevere regali? Sí, ... piace molto.
3) Signorina, che cosa ... hanno regalato i suoi genitori? - ... hanno regalato un vestito.
4) Signora ... piace la musica? Sí, ... piace molto.
5) Scriverai a tua sorella? - Sí, ... scriverò.
6) Ho ricevuto una lettera di Carlo, ... scriverò subito.

7) Ragazzi, è difficile questa lezione? ... ripeto la spiegazione.

8) Grazie, professore, ... fa piacere.

9) Se ... offrite un caffè, vengo con voi.

10) Signora, chi ... parla ogni giorno al telefono? - ... parla mio marito.

Mi puoi **dare** quel libro?	= Puoi **darmi** quel libro?
Ti devo **parlare** subito	= Devo **parlarti** subito
Gli devo **dire** ciò che so	= Devo **dirgli** ciò che so
Non **le** posso **scrivere** ora	= Non posso **scriverle** ora
Signora, **Le** posso **offrire** una sigaretta?	= Signora, posso **offrirLe** una sigaretta?
Cari amici, **vi** devo **dare** una brutta notizia	= Cari amici, devo **darvi** una brutta notizia
Scusi, Signore, **ci** sa **dire** che ore sono?	= Scusi, Signore, sa **dirci** che ore sono?

Esercizio

Usare il pronome nelle due forme:

(Esempio: Posso **chiedere a te** un favore? - **Ti** posso **chiedere** un favore? Posso **chiederti** un favore?)

1) Posso **chiedere a te** un favore?

2) Signorina, devo **parlare a lei** subito.

3) Ragazzi, non posso **dire a voi** che cosa so.

4) Care amiche, non posso **offrire a voi** nulla oggi. (nulla = niente)

5) Scusi, signore, sa **dire a noi** dove è la posta? Noi siamo arrivati ieri qui (= in questa città).

6) Professore, posso **parlare a lei** dell'esercizio?

7) Devo telefonare a Giulia; voglio **dire a lei** la verità.

8) Signori, desidero far **capire a Loro** come stanno le cose.

9) Sai **dire a me** in quale aula è la lezione di italiano?

10) Signora, posso **offrire a lei** la sedia?

mi	+ lo - la - li - le	= **me** lo - la - li - le
ti	+ lo - la - li - le	= **te** lo - la - li - le
gli	+ lo - la - li - le	= **glielo** - gliela - glieli - gliele
le	+ lo - la - li - le	= **glielo** - gliela - glieli - gliele
ci	+ lo - la - li - le	= **ce** lo - la - li - le
vi	+ lo - la - li - le	= **ve** lo - la - li - le

a loro	+ lo - la - li - le	= **lo** (verbo) loro
		li (verbo) loro
		la (verbo) loro
		le (verbo) loro

Mi puoi dare quel libro?   **Me lo** puoi dare?
Sí, **ti** posso dare **quel libro**   **Te lo** posso dare

Gli voglio regalare **una cravatta**   - **Gliela** voglio regalare
Signora, **Le** voglio offrire **una rosa**   - **Gliela** voglio offrire

Ci deve scrivere **il suo indirizzo**   - **Ce lo** deve scrivere
Vi porteremo **i giornali**   - **Ve li** porteremo
Signori, daremo **Loro** questa stanza   - **La** daremo **Loro**.

«NE»

Quante cravatte ti hanno regalato?	- **Me ne** hanno regalate due.
Mi porterai qualche libro?	- **Te ne** porterò quattro.
Quante caramelle hai dato al bambino?	- **Gliene** ho dato tre.
Quante rose ha regalato alla signora?	- **Gliene** ho regalate dodici.
Quanti bicchieri vi servono?	- **Ce ne** servono pochi.
Ci darete dei soldi? (= del denaro)	- Sí, **ve ne** daremo molti.
Darete tutta questa torta ai bambini?	- No, **ne** daremo **loro** una parte.

(La torta è un dolce e piace ai bambini)

«CI» («VI»)

(stato in luogo e moto a luogo)

Franco e Lina vanno a Firenze

Domani partiranno per Firenze e **ci** resteranno una settimana. **Ci** andranno in macchina con due amici stranieri.

Ci sono già stati altre volte, ma **ci** tornano sempre con piacere, perché Firenze è una città straordinaria. Tutti quelli che **ci** sono stati una volta, **ci** tornano.

Questa volta **ci** vanno come turisti; dovranno mostrare ai loro amici, che non **ci** sono stati mai, tutti i monumenti e visitare i musei della città.

straniero = di un altro paese
monumento = opera d'arte
turista (il, la) = chi viaggia per visitare città e paesi

116

ci resteranno una settimana	resteranno **a Firenze** una settimana
ci andranno in macchina	andranno **a Firenze** in macchina
ci sono già stati altre volte	sono stati **a Firenze** altre volte
ci tornano sempre con piacere	tornano **a Firenze** sempre con piacere
ci vanno come turisti	vanno **a Firenze** come turisti
non **ci** sono stati mai	non sono stati mai **a Firenze**.

Rispondere alle domande:

1) Dove andranno domani Franco e Luisa?
2) Quanto tempo ci resteranno?
3) Perché ci tornano con piacere?
4) Come ci vanno questa volta?
5) I loro amici ci sono stati mai?
6) Tu sei stato mai a Firenze?

Esercizi

Completare con la domanda:
(Es. ..... **ci** sono stato (alla festa) - domanda: «Sei stato alla festa»?)

.................— Ci sono stato (alla festa)
.................— Sí, ci andrò il mese prossimo (a Parigi)
.................— No, non ci vado (a comprare i francobolli)
.................— No, non ci andranno (alla gita)
.................— Sí, ci verranno anche gli zii (a Roma)
.................— Ci sono stato ieri sera (al ristorante)
.................— Ci sta da tre anni (in questa casa)
.................— Ci vengo volentieri (a fare una passeggiata)

prossimo (= venturo)   scorso (= passato)

Completare la risposta adoperando la particella «ci».
(Es. Chi è andato a comprare il pane? **Ci** è andato il ragazzo)

il pane

Chi è andato a comprare il pane?	.... il ragazzo.
Siete stati mai in Sicilia?	No, ...
Quanti giorni siete rimasti a Roma?	.... tre giorni.
Con chi vai a Firenze domani?	.... un amico straniero.
Verrete con piacere alla gita?	Sí, ...
Sei già stato all'ufficio postale?	No .... ancora.
Quando andate in casa dei nonni?	.... questo pomeriggio.

117

la gita = piccolo viaggio di piacere

Il signor Aldo ogni mattina:

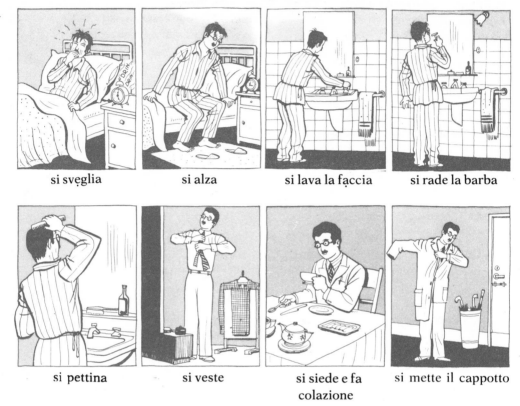

si sveglia   si alza   si lava la faccia   si rade la barba

si pettina   si veste   si siede e fa colazione   si mette il cappotto

Il signor Aldo ogni mattina **si sveglia** alle sette in punto. Dopo **si alza**, va nel bagno, dove **si lava, si rade** la barba e **si pettina.**

Mentre i ragazzi cominciano a **svegliarsi** e ad **alzarsi**, il signor Aldo **si veste**. Poi **si siede** a tavola e fa la prima colazione con caffè, latte, biscotti, burro e marmellata. Infine **si prepara** per uscire.

Nell'ingresso **si mette** il cappotto ed il cappello e alle 8,30 (otto e trenta) è pronto per **recarsi** in ufficio. Prende la macchina, cosí potrà **arrivarci** (arrivare là) prima delle nove.

Intanto a casa i ragazzi **si sono alzati** e **si sono vestiti**. Come ogni giorno **si recheranno** a scuola. Soltanto la domenica, giorno di vacanza, **si alzeranno** piú tardi e saranno felici di **godersi** il meritato riposo.

recarsi = andare; godersi il riposo = sentire piacere nel riposo

dopo che io mi preparo sono **pronto** (pronta)

Rispondere alle domande:
1) A che ora si sveglia il signor Aldo?
2) Che cosa fa dopo che si è alzato?
3) Che cosa si mette per andare all'ufficio?
4) A che ora ci arriverà?
5) Dove andranno (si recheranno) i ragazzi dopo che si sono alzati, lavati e vestiti?
6) La domenica si alzano alla stessa ora degli altri giorni?
7) Lei, signorina, a che ora si alza la mattina?
8) Tu, Paolo, che cosa ti metti prima di uscire?
9) Loro, signorine, si svegliano presto o tardi la mattina?
10) Lei, signore, dove si reca ogni mattina?

LAVARE	METTERE	VESTIRE
Io lavo ecc.	Io metto ecc.	Io vesto ecc.
Io ho lavato ecc.	Io ho messo ecc.	Io ho vestito ecc.

Anna **lava** i fazzoletti
Anna **ha lavato** i fazzoletti

Marco **mette** i libri nello scaffale
Marco **ha messo** i libri nello scaffale

La signora **veste** la bambina
La signora **ha vestito** la bambina

Anna **si lava**
Anna **si è lavata**

119

LAVARSI	METTERSI	VESTIRSI
Io mi lavo ecc.	Io mi metto ecc.	Io mi vesto ecc.
Io **mi sono** lavato-a...	Io **mi sono** messo-a...	Io **mi sono** vestito-a...

Marco **si mette** il cappotto
Marco **si è messo** il cappotto

si mette ⟷ si toglie
si è messo ⟷ si è tolto

La bambina **si veste**
La bambina **si è vestita**
si veste ⟷ si spoglia
si è vestito ⟷ si è spogliato

LAVARSI la faccia	METTERSI il cappello	VESTIRSI subito
Io **mi** lavo la faccia	**mi** metto il cappello	**mi** vesto subito
Tu **ti** lavi	**ti** metti	**ti** vesti
Egli **si** lava	**si** mette	**si** veste
Noi **ci** laviamo	**ci** mettiamo	**ci** vestiamo
Voi **vi** lavate	**vi** mettete	**vi** vestite
Essi **si** lavano	**si** mettono	**si** vestono

120

Esercizi

Mettere al presente indicativo il verbo tra parentesi.
(Es. La signora (vestirsi) in fretta e (recarsi) al mercato -
La signora **si veste** in fretta e **si reca** al mercato).

in fretta = senza perdere tempo

1) La signora (vestirsi) in fretta e (recarsi) al mercato. 2) La signorina (svegliarsi) tardi la mattina. 3) I ragazzi (coprirsi) bene prima di uscire. 4) Marco oggi non (sentirsi) bene, ma (alzarsi) per andare a scuola. 5) Quando è in ufficio il sig. Aldo (accorgersi) che non ha le chiavi di casa. 6) I due ragazzi (incontrarsi) al bar, (salutarsi) e parlano della gita che faranno domenica. 7) Da qualche tempo Marco (radersi) la barba con il rasoio elettrico. 8) La bambina non (vestirsi) se non l'aiuta la mamma. 9) Noi (alzarsi) presto la mattina, (lavarsi) con l'acqua fredda e (recarsi) a scuola a piedi. 10) I bambini (coricarsi) presto la sera e (addormentarsi) subito.

accorgersi = vedere; coricarsi = andare a letto
addormentarsi = cominciare a dormire; aiutare = fare qualcosa per un altro

Mettere al passato prossimo il verbo tra parentesi.
(Es. Gino (mettersi) il cappotto ed è uscito.
Gino **si è messo** il cappotto ed è uscito.

1) Gino (mettersi) il cappotto ed è uscito.
2) Ieri sera la mamma (coricarsi) tardi e oggi (alzarsi) a mezzogiorno.
3) I ragazzi (svegliarsi), (alzarsi) e (lavarsi) in fretta per arrivare in orario a scuola. (in orario = all'ora giusta).
4) Franco e Giulia (mettersi) d'accordo per telefono e subito dopo (incontrarsi) al bar centrale. (= del centro).
5) Noi (sentirsi) male ieri e questa mattina (alzarsi) tardi.
6) Ho lavorato tanto oggi che (addormentarsi) sull'autobus venendo a casa.
7) Voi non (fermarsi) quando noi vi abbiamo chiamati.
8) Noi (darsi) sempre del «tu» con gli studenti, ma diamo del «Lei» al professore.
9) Tu questa mattina non (lavarsi) bene la faccia.
10) Il signore (togliersi) il cappello e (sedersi).

3+4 = 7 (è giusto)   3+4 = 8 (è sbagliato)
giusto ⟷ sbagliato

Dal tabaccaio
(in una rivendita di tabacchi)

A. Per favore un pacchetto di «Nazionali Esportazione».
B. Con filtro o senza filtro?
A. Con filtro.

121

B. Mi dispiace, ma quelle con filtro sono terminate. Arriveranno piú tardi.
A. Allora un pacchetto di «M.S.». Può caricarmi anche l'accendino (accendisigari)?
B. Sí. Non accende, ma il gas c'è. Forse è finita la pietrina.
A. Mentre Lei cambia la pietrina io scelgo qualche cartolina illustrata; mi darà anche dei francobolli, una scatola di fiammiferi da cucina e del tabacco da pipa per il nonno.
    Non ho dimenticato nulla, credo.

Il tabaccaio **vende** tabacco per pipe, sigarette, sigari, fiammiferi ecc.

vendere ⟷ comprare

Noi **fumiamo** la pipa, le sigarette...

I fiammiferi servono per accendere la sigaretta...

Una festa in famiglia

Babbo   Ecco ci sono regali per tutti. Vogliamo cominciare a leggere i nomi scritti su ogni pacchetto?
Bambina   Dov'è il mio?
Babbo   Se aspetti un poco, avrai il tuo pacchetto, questo è per il nonno.
Nonno   Ma ... che cosa c'è dentro? Ah! una pipa ed una scatola di tabacco. Grazie, un bel regalo per me.
Babbo   Questo è certamente un disco. È per Maria che potrà ascoltare le nuove canzoni.
           Per la mamma un libro.
Nonna   A me un libro giallo?! Lo leggerò volentieri.
Babbo   La scatola di cioccolatini e caramelle è per la bambina. La cravatta per Mario ed il profumo per la mamma. Un giocattolo elettronico per Sergio.
Bambina   Io non voglio i cioccolatini, voglio il giocattolo.
Sergio   Il giocattolo è mio, ma io voglio anche i cioccolatini!
Mamma   Questi bambini non sono mai contenti! E piangono anche. Tutte le feste finiscono cosí.

dentro ⟷ fuori (di); dentro la casa ⟷ fuori della casa

Esercizi integrativi

1. S. Volete visitare tutti i musei della città?
   R. No, **ne** vogliamo visitare uno/Vogliamo **visitarne** uno.

Vogliono regalare tutti i quadri?
Vuoi salutare tutti gli amici?
Vuole fumare tutte le sigarette?
Volete ripetere tutti i verbi?
Vogliono prendre tutte le medicine?
Vuole lasciare tutte le valigie?
Vuoi bere tutte le bottiglie?
Volete comprare tutte le cartoline?

2. S. Dobbiamo andare in quel negozio.
   R. **Ci** dobbiamo andare/Dobbiamo **andarci**.

Dovete andare al centro della città
Devi andare alla periferia della città
Devo andare alla stazione
Devo arrivare fino al terzo piano
Devono arrivare alla fermata dell'autobus
Dobbiamo venire all'aeroporto anche noi.
Devo venire a casa vostra
Dobbiamo venire alla festa.

3. S. Restiamo in albergo due settimane.
   R. **Ci** restiamo due settimane.

Restano a casa fino alle otto
Resti in ufficio dalla mattina alla sera
Sei restato alla stazione piú di due ore
Siete restati all'aeroporto fino all'arrivo
Resto nel bagno per molto tempo
È restata in cucina solo due ore
Restiamo in classe con gli altri studenti
Resteremo in autobus fino all'ultima fermata.

4. S. Tu **ti svegli** presto?
   R. Tu **ti sei svegliato** presto?

Paolo si sveglia presto
Io mi sveglio presto

Voi vi svegliate presto?
Lui si sveglia presto?
Noi ci svegliamo presto
Gina e Paolo si svegliano presto
Gina e Paolo si svegliano presto?
Voi vi svegliate presto?

5. S.   Paolo oggi **si è alzato** tardi
   R.   Ma domani **si alzerà** presto.

Tu oggi ti sei alzato tardi
Voi oggi vi siete alzati tardi
Io oggi mi sono alzato tardi
Noi oggi ci siamo alzati tardi
Gina oggi si è alza**ta** tardi
Gina e Paolo oggi si sono alza**ti** tardi
Sergio e Marco oggi si sono alza**ti** tardi
Gina e Luciana oggi si sono alza**te** tardi.

6. S.   Ad Anna piace lavarsi con l'acqua fredda
   R.   **Le** piace lavarsi con l'acqua fredda.

Ad Aldo piace radersi con l'acqua calda
A Marco piace radersi con l'acqua fredda
A Maria piace lavarsi con l'acqua fredda
A Luisa piace lavarsi con l'acqua calda
A Maria e a Luisa piace lavarsi con l'acqua calda
A Marco e Sergio piace lavarsi con l'acqua fredda
A Dario piace radersi con l'acqua calda
A Dario e ad Aldo piace radersi con l'acqua calda.

7. S.   Tu ti devi vestire e pettinare
   R.   Tu devi **vestirti** e **pettinarti**, prima di uscire.

Voi vi dovete vestire e pettinare
Essi si devono vestire e pettinare
Noi ci dobbiamo vestire e pettinare
Io mi devo vestire e pettinare
La zia si deve vestire e pettinare
Gli ospiti si devono vestire e pettinare
I parenti si devono vestire e pettinare
Il signore si deve vestire e pettinare.

8.   S.   Noi non ci togliamo il vestito
       R.   **Ce lo** mettiamo.

Voi non vi togliete le scarpe
Io non mi tolgo il cappello
I nonni non si tolgono il cappotto
Roberto non si toglie la cravatta
Carmen non si toglie la gonna
Lui non si toglie la giacca
Tu non ti togli la camicetta
Il professore non si toglie gli occhiali.

9.   S.   Piace il latte ad Anna?/No
       R.   No, non **le** piace.

Sono piaciuti i cioccolatini ai nonni?/Sí
Sono piaciute le caramelle a Lucia?/Sí
Ti piacciono i biscotti?/No
Piaceranno i fiori alla zia?/Sí
Vi piace il burro?/Sí
Piace la marmellata ai bambini?/Sí
Piace alla signora la torta?/No
Piacciono tè e caffè a voi?/Sí

10.   S.   Ti puoi sentire il disco
       R.   **Te lo** puoi sentire.

Non vi può dare le spiegazioni
Ci potete regalare i biscotti
Non le possiamo portare i fiori
Gli potete offrire del vino
Gli possono fare il favore
Non le puoi dire la verità
Non gli può rimproverare nulla
Vi posso dare la stanza n. 110.

11.   S.   Hai potuto sentire il disco?/Ancora non
       R.   Ancora non **l'ho potuto** sentire.

Ha potuto dare le spiegazioni?
Avete potuto comprare i giornali?
Hanno potuto fare il viaggio?
Ha potuto trovare il profumo?

125

Avete potuto ammirare i quadri?
Hanno potuto rimproverare Paolo?
Hanno potuto sistemare le valigie?

12. S. Alcuni si recano in ufficio
     R. Alcuni **cominciano a recarsi** in ufficio.

Alcuni si godono il meritato riposo
Alcuni si godono le vacanze
Alcuni si svegliano presto
Alcuni si alzano tardi
Alcuni si mettono le scarpe
Alcuni si preparano le valigie
Alcuni si tolgono la giacca
Alcuni si tolgono la cravatta.

13. S. Devo andare in albergo subito
     R. Devo **recarmi** in albergo subito.

Dovete andare a lavorare anche stasera
Deve andare alla stazione domani mattina
Devono andare all'Università la settimana prossima
Dobbiamo andare all'aeroporto in orario
Siamo andati in ufficio in orario
Sei andato alla festa in casa Bruni
Sono andato a comprare le riviste nuove
È andata alla gita in compagnia di un amico.

14. S. Quel giovane è educato/apprezzare e aiutare
     R. Tutti **lo** apprezzano e **lo** aiutano.

La signorina è elegante/ammirare
La rivista è nuova/comprare
La torta è buona/mangiare
Il caffè e il tè sono caldi/bere
Le caramelle e i cioccolatini sono buoni/mangiare
L'aperitivo è pronto/bere
Il giornale è di oggi/leggere
Le opere d'arte sono antiche/ammirare e apprezzare.

15. S. La studentessa è stata **attenta** ed ha ascoltato **tutto**/distratta ... nulla
    R. La studentessa è stata **distratta** e non ha ascoltato **nulla**.

Lo studente è attento e ascolta tutto
I turisti saranno attenti e vedranno tutto
Quelle persone sono attente e si accorgono di tutto
Questa gente è attenta e si accorge di tutto
Il bambino è stato attento e ha sentito tutto
Le bambine sono attente e sentono tutto
Noi saremo attenti e ci accorgeremo di tutto
Voi sarete attenti e vi accorgerete di tutto.

16. S. La volta **scorsa** abbiamo mangiato in un ristorante del **centro**/prossima ... periferia
    R. La volta **prossima** mangeremo in un ristorante della **periferia**.

La volta scorsa abbiamo dormito in un albergo del centro
La volta scorsa abbiamo fatto acquisti in un negozio del centro
La volta scorsa il medico gli ha dato una medicina sbagliata/ ..... giusta.
La volta scorsa la macchina non ha fatto un movimento sbagliato
La volta passata hai lasciato in cane fuori del giardino/ ..... dentro il
La volta passata hai cenato fuori di casa
La volta passata hanno fumato fuori dell'aula.

127

Lezione nona
Il medico visita un ammalato

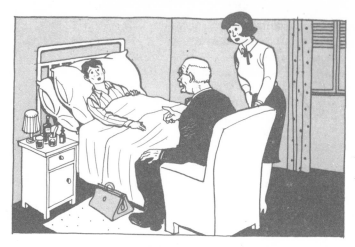

— Che cosa fa il medico? (= il dottore)
— Visita (sta visitando) un ammalato.

Questa mattina Sergio è rimasto a letto, perché non sta bene. Ieri ha avuto la febbre e non ha mangiato niente tutto il giorno. La signora Anna ha telefonato al medico, il quale (= il medico) è venuto subito a casa a visitare il ragazzo.

«Non è nulla di grave» — dice il dottore. «Si tratta di una leggera malattia, un'influenza, che in questi giorni colpisce tanta gente. Dovrà restare a letto fino a quando non sarà scomparsa completamente la febbre. Basteranno poche iniezioni e qualche compressa. Ecco la ricetta per le medicine».

Quando il medico se ne va, Sergio dice che si sente bene e che non ha bisogno di medicine. Ha una grande paura delle iniezioni! Suo padre lo guarda sorpreso tenendo la ricetta in mano.

Sergio insiste: «Niente iniezioni! Mi basterà qualche pillola. I medici sono tutti uguali, non fanno altro che prescrivere iniezioni!»

Il signor Aldo non ammette discussioni: «Mi dispiace ma questa volta le farai!».

leggero ⟷ grave

Rimanere = restare; completamente = del tutto; insistere = continuare

128

Rispọndere alle domande:

1) Perché Sẹrgio è rimasto a letto?
2) Che cosa ha avuto ieri?
3) A chi ha telefonato la signora Anna?
4) Che cosa dice il dottore?
5) Qual è la malattịa di Sẹrgio?
6) Fino a quando dovrà rimanere a letto?
7) Che cosa scrive il mẹdico per ordinare le medicine?
8) Che cosa dice Sẹrgio quando il mẹdico se ne va?
9) Come lo guarda suo padre?
10) Sẹrgio farà le iniezioni questa volta?

ANDẠRSENE = ANDARE VIA DA UN LUOGO

Io me ne vado
Tu te ne vai
Egli se ne va
Noi ce ne andiamo
Voi ve ne andate
Essi se ne vanno

Io me ne sono andato-a, tu te ne sei andato-a ecc... ecc...
Io me ne andrò, tu te ne andrại ecc... ecc...

«Quando il mẹdico **se ne va**, Sẹrgio dice che si sente bene»
«**Me ne andrò** soltanto quando avrò saputo tutto»
«Perché **te ne sei** andato cosí presto?»
«**Ce ne siamo andati** con gli amici al cịnema»
«Quei due allievi **se ne sono andati** prima della fine della lezione»
«Le ragazze **se ne sono andate** tardi».

NON FARE ALTRO CHE + infinito

«I mẹdici **non fanno altro che prescrịvere** iniezioni»
«Tu **non fai altro che chiẹdere** soldi»
«**Non facciamo altro che pensare** a te»
«Voi **non** sapete **fare altro che discụtere**».

Il cịnema è il luogo dove andiamo a vedere i film

Il **farmacista** vende le medicine nella farmacia
(vendere = dare una cosa e prendere denaro)

Il **dentista** è il medico che cura i denti
(curare = far guarire)

L'**oculista** è il medico che cura gli occhi

Il **pediatra** è il medico che cura i bambini

Il **chirurgo** è il medico che opera
(operare = fare le operazioni)

L'**autoambulanza** porta il ferito all'ospedale
(l'ambulanza) (al Pronto Soccorso)
Ospedale = luogo per malati e per feriti
Al Pronto Soccorso i feriti ricevono le prime cure

L'**infermiere** e l'**infermiera** assistono
l'ammalato.
gli infermieri aiutano (= assistono) i medici
a curare gli ammalati

Il dentista, l'oculista, il pediatra, il chirurgo sono **medici specialisti**.

$$DA = a \ casa \ di$$

Il medico viene **da noi**	(= viene **a casa nostra**)
Noi andiamo **dal dentista**	(= **a casa**, nello studio, nel gabinetto, nell'ambulatorio **del dentista**)
Siete stati **dal sarto?**	(= **a casa**, nel laboratorio **del sarto**)
Essi abitano **dagli zii**	(= **a casa degli zii**)
Resteremo due giorni **da te**	(= **a casa tua**)
Ci rechiamo **dall'avvocato**	(= **a casa**, nello studio **dell'avvocato**)
Mi fermerò una settimana **dagli amici**	(= **a casa degli amici**)

Il **sarto** fa i vestiti nel suo **laboratorio**; taglia la stoffa
con le forbici e la cuce (**cucire**) con filo e ago

Esercizio

Sostituire opportunamente con la preposizione «da» le espressioni corrispondenti:
(Esempio: Oggi andremo **a casa della zia** - Oggi andremo **dalla zia**)

1) Oggi andremo **a casa della zia**. 2) Quando verrete **in casa nostra?** 3) Verrò **a casa vostra** dopo che sarò stato **nello studio dell'avvocato**. 4) Non potrò restare **a casa tua** una settimana. 5) Perché non sei andato ieri **a casa di mio fratello?** 6) Mi sono recato due volte **nell'ambulatorio dell'oculista**. 7) Mi dispiace, ma oggi non posso venire **a casa dei tuoi genitori**. 8) Mi piace molto accompagnare i bambini ogni pomeriggio **a casa dei nonni**. 9) Ecco i libri di Marco: li lascio **a casa tua** e tu glieli darai. 10) Arriverò tardi **a casa tua**, perché andrò prima **nel salone del parrucchiere**.

Il corpo umano

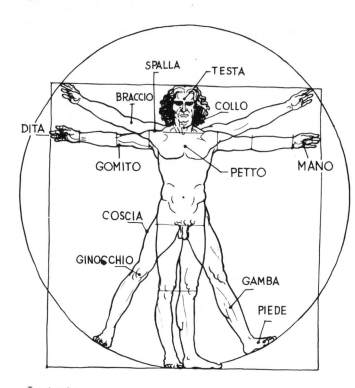

La testa
il collo
il petto
il braccio (le braccia)
la spalla
la mano (le mani)
il gomito
le dita (il dito)
la coscia (le cosce)
il ginocchio (i ginocchi-
le ginocchia)
la gamba
il piede
la schiena

La testa

il viso (la faccia)
i capelli
la fronte
l'orecchio
(gli orecchi-
le orecchie)
le sopracciglia
(il sopracciglio)
le ciglia (il ciglio)
gli occhi
il naso
la bocca
le labbra
(il labbro)
i denti
la lingua
il mento
la guancia
(le guance)

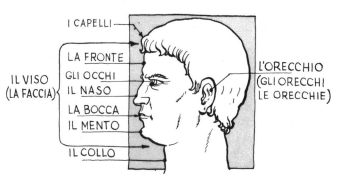

Formano il corpo umano:

1) La testa
2) Il tronco
3) Le estremità

In tutto il corpo abbiamo le **vene** (la vena), le **ossa** (l'osso), lo **scheletro**, i **muscoli**, i **nervi**.

Dentro le vene circola il **sangue**

— Lo scheletro sostiene tutto il corpo
— Il corpo ha una temperatura di circa 37 gradi (37°C)
— Se il corpo supera i 37 gradi ha la febbre

1) Dentro la testa abbiamo il **cervello** che serve per **pensare** (formare il **pensiero**)

   Dentro la bocca abbiamo i denti, la lingua, il **palato** e la **gola**; col palato e con la lingua sentiamo i **sapori** di ciò che mangiamo o beviamo. Sul viso molti uomini portano (= hanno) i baffi, tra il naso e la bocca, e la **barba**.

2) Nel tronco abbiamo davanti il **petto** e la **pancia**; dietro abbiamo la **schiena** e le **spalle** (la spalla).

   Dentro il petto abbiamo: i **polmoni** (il polmone) che ci servono per respirare l'aria; il **cuore** batte e fa circolare il sangue col suo movimento.
   Dentro la pancia abbiamo: lo **stomaco** e l'**intestino** che ricevono e **digeriscono** tutto il **cibo** che mangiamo e tutte le **bevande** che beviamo. Ci sono anche il **fegato** e il **rene** (i reni, le reni) che **purificano** il sangue (rendere puro, pulito).

3) Le **braccia** con le **mani** e le **gambe** con i **piedi** sono le estremità del nostro corpo.

   Gli uomini hanno cinque sensi: la **vista** per vedere, l'**udito** per udire o ascoltare, l'**odorato** per sentire gli odori, il **gusto** per sentire i sapori e il **tatto** per sentire ciò che tocchiamo.

133

La comparazione degli aggettivi

IL COMPARATIVO

Marco ha 19 anni

Maria ha 16 anni

Marco è **piú grande** di Maria
Maria è **piú piccola** di Marco

Sergio è alto un metro
e cinquantacinque centi-
metri (m. 1.55)

Luisa è alta un metro
e quaranta (m. 1.40)

Sergio è **piú alto** di Luisa
Luisa è **piú bassa** di Sergio

Marco e Maria sono **molto alti**. Marco ha una statura non comune; è alto un
metro e novanta; è **altissimo**, è il **più alto** dei fratelli.

comune = solito, di tutti i giorni

comune ←→ non comune

solito ←→ insolito

134

Marco è **piú** grande di Maria
Maria è **meno** grande di Marco (= piú piccola)

Sergio è **piú** alto di Luisa
Luisa è **meno** alta di Sergio (= piú bassa)

Anche i signori Bruni sono **molto alti**. Marco ha la stessa statura di suo padre.
È **tanto** alto **quanto** suo padre (è alto **quanto** suo padre).
(È **cosí** alto **come** suo padre - è alto **come** suo padre)

Esercizio

Completare le frasi con «piú» o «meno»:
(Esempio: Io sono molto stanco - Io sono **piú** stanco di te
Tu sei un poco stanco - Tu sei **meno** stanco di me)

1) Io sono molto stanco
   Tu sei un poco stanco

   Io sono .... stanco di te
   Tu sei .... stanco di me

2) Il medico è molto ricco
   L'avvocato non è molto ricco

   Il medico è .... ricco dell'avvocato
   L'avvocato è .... ricco del medico

3) Il treno è molto veloce
   L'autobus è poco veloce

   Il treno è .... veloce dell'autobus
   L'autobus è .... veloce del treno

4) Il vostro banco è molto pulito
   Il nostro banco non è ben pulito

   Il vostro banco è .... pulito del nostro
   Il nostro banco è .... pulito del vostro

5) Il tappeto è molto antico
   Il quadro non è tanto antico

   Il tappeto è .... antico del quadro
   Il quadro è .... antico del tappeto

6) La poltrona è molto pesante
   La sedia non è pesante

   La poltrona è .... pesante della sedia
   La sedia è .... pesante della poltrona.

stanco	⟷	riposato
ricco	⟷	povero
veloce	⟷	lento
antico	⟷	moderno
pesante	⟷	leggero

stanco = ha lavorato molto
ricco = ha molto denaro
veloce = va molto in fretta

135

DI PIÚ - DI MENO

Il tuo orologio è d'oro, il mio è d'argento
Il tuo orologio vale piú del mio
Il tuo orologio vale **di piú** (= è piú prezioso)
Il mio orologio vale **di meno** (= è meno prezioso)
Il tuo è piú prezioso del mio
Il prezzo della cravatta di seta è ottomila lire
Il prezzo della cravatta di lana è cinquemila lire
La cravatta di seta costa **di piú** (= è più cara)
Quella di seta è piú cara di quella di lana
Io bevo il vino e la birra, ma il vino mi piace piú della birra
Il vino mi piace **di piú**
Io mangio le arance e le banane, ma le arance
mi piacciono piú delle banane
Le arance mi piacciono **di piú**

mi piace ⟷ mi dispiace

Mi piace vivere in Italia
Vivere in Italia **mi piace di piú**

Mi dispiace di non partire con voi
A noi **dispiace di piú**

PIÚ CHE

1)
La loro amica è **piú** simpatica **che** bella

Il loro cugino è **piú** furbo **che** intelligente

2)
Nella stoffa di quel vestito c'è **piú** cotone **che** lana

Di questa stoffa mi piace **piú** il colore **che** il disegno

3)
Io non parlo molto: mi piace **piú** ascoltare **che** parlare

Distruggere è **piú** facile **che** costruire

simpatico ⟷ antipatico
furbo ⟷ sciocco
intelligente ⟷ tonto

IL SUPERLATIVO

1	2	3
un quadro piccolo	un quadro grande	un quadro molto grande (grandissimo)

Il quadro 2 è piú grande del quadro 1, ma è piú piccolo del quadro 3.
Il quadro 3 è **il piú grande** dei tre: è **grandissimo.**

$$\left.\begin{array}{l} \text{molto} \\ \text{assai} \end{array}\right\} + \text{grande} = \text{grandissimo}$$

$$\left.\begin{array}{l} \text{tanto} \\ \text{estremamente} \end{array}\right\} + \text{difficile} = \text{difficilissimo}$$

ATTENZIONE!

Attento

Aggettivo

singolare	plurale	superlativo
stan**co**	stan**chi**	stan**chi**ssimo
anti**co**	anti**chi**	anti**chi**ssimo
lar**go**	lar**ghi**	lar**ghi**ssimo
simpati**co**	simpati**ci**	simpati**ci**ssimo
prati**co**	prati**ci**	prati**ci**ssimo

137

buono	migliore	(= piú buono)	ottimo	(= buonissimo - il piú buono)
cattivo	peggiore	(= piú cattivo)	pessimo	(= cattivissimo - il piú cattivo)
grande	maggiore	(= piú grande)	massimo	(= grandissimo - il piú grande)
piccolo	minore	(= piú piccolo)	minimo	(= piccolissimo - il piú piccolo)

— Questo pane è **buono**, è **migliore** (= piú buono) di quello che abbiamo mangiato ieri: è **ottimo.**

— Oggi il tempo è **cattivo**, è **peggiore** (= piú cattivo) della settimana scorsa. Da qualche anno non abbiamo avuto una stagione **pessima** (= cattivissima) come questa.

— Questa camicia è **grande**, ma io cerco una misura **maggiore** (= piú grande), possibilmente la **massima** (= la piú grande).

— I due ragazzi sono **piccoli** e sembrano uguali, ma quello biondo è **minore** (= piú piccolo) di due anni dell'altro. La differenza di altezza tra i due è **minima** (= piccolissima).

Esercizio

Completare le frasi:

(Esempio: Io metto poco zucchero nel caffè; tu ne metti molto.
Il tuo caffè è **piú dolce** del mio
Il mio caffè è **meno dolce** del tuo).

1) Io metto poco zucchero nel caffè; tu ne metti molto.
Il tuo caffè è ... dolce del mio
Il mio caffè è ...... tuo.

2) Io ho 16 anni - Tu ne hai 17
Io sono ..... piccolo di te
Tu sei ... . me

3) L'abito grigio costa centomila lire
L'abito blu costa centoventimila lire

L'abito blu costa ..... del grigio
L'abito grigio costa ... ... blu

4) Noi mangiamo molto - Voi mangiate poco
   Noi mangiamo .... di voi
   Voi mangiate ... ... noi

5) Via Roma è larga 10 metri, via Verdi 7 metri
   Via Roma è .... larga di via Verdi
   Via Verdi è .... larga ... via Roma

6) Noi lavoriamo sette ore al giorno - Voi lavorate otto ore
   Voi siete ... laboriosi di noi
   Noi siamo ... laboriosi ... voi

7) Nell'insalata hai messo poco olio e molto aceto
   In quest'insalata c'è ... aceto .... olio
   In quest'insalata c'è ... olio ..... aceto

8) Io viaggio spesso in aereo, solo raramente in nave
   Io viaggio ... in aereo ... in nave
   Io viaggio ... in nave ... in aereo

9) Le due nuove poltrone sono belle, ma poco comode
   Le due nuove poltrone sono ... belle ... comode

10) Non mi piace questa borsetta: è pratica ma non molto elegante
    Questa borsetta è ... pratica ... elegante

11) Tu mangi poco e bevi molto
    Ti piace ... bere ... mangiare

12) Lei suona spesso, ma canta raramente
    Le piace ... suonare ... cantare

dolce ⟷ amaro; largo ⟷ stretto;

laborioso ⟷ pigro; comodo ⟷ scomodo

In una farmacia

Cliente: Per piacere, può darmi oltre le medicine indicate in questa ricetta uno sciroppo e delle pastiglie per la tosse?

Farmacista: Questo è un ottimo sciroppo; serve per lei?

Cliente: No, io sto bene. Lo sciroppo e le pastiglie sono per mia suocera che non fa altro che tossire giorno e notte.

Farmacista: Tra le medicine della ricetta ci sono le fiale per le iniezioni e le compresse; mancano le supposte che Lei potrà ritirare nel pomeriggio, dopo che il ragazzo le avrà portate dal deposito.

Cliente: A che ora potrò venire?

Farmacista: Dalle quattro in poi, quando vuole. La farmacia resta aperta fino alle otto.

Cliente: Non si finisce mai con queste medicine! Ogni giorno in famiglia c'è sempre qualcuno che ne ha bisogno. Comincia a nascermi il dubbio che molte di queste medicine non sono efficaci.

Farmacista: Forse ha ragione Lei. Ci sono troppe medicine e le malattie sono sempre le stesse!

Un incidente stradale

Un mortale incidente stradale si è verificato nel tardo pomeriggio di ieri all'incrocio tra Via Verdi e Via Mascagni.

A causa della scarsa visibilità per la fitta nebbia, una macchina con a bor-

140

do tre giovani si è schiantata contro un autotreno. Il conducente della utilitaria ha perduto il controllo della macchina nel tentativo di non investire una donna sulle strisce pedonali all'altezza del semaforo.

L'urto è stato violento; il giovane alla guida dell'auto è morto sul colpo, gli altri due hanno riportato ferite gravissime con lesioni in molte parti del corpo. Ancora non hanno ripreso conoscenza all'ospedale, dove sono stati ricoverati con prognosi riservata. Restano poche speranze di salvarli.

Esercizi integrativi

1. S. Il pane **è poco** (scarso)
   R. Il pane **non basta**.

L'acqua è poca (scarsa)
Il vino è poco
La birra è poca
Il latte è poco
L'olio è poco
L'aceto è poco
Lo zucchero è poco
Il burro è poco.

2. S. Questi biscotti **non sono pochi**
   R. Questi biscotti **basteranno**.

Questi cioccolatini non sono pochi
Queste caramelle non sono poche
Queste medicine non sono poche
Questi aperitivi non sono pochi
Due iniezioni non sono poche
Tre compresse non sono poche
Tre pillole non sono poche
Due giorni non sono pochi.

3. S. Noi **non andremo via di qui** prima di mezzogiorno
   R. Noi **non ce ne andremo** prima di mezzogiorno.

Tu non andrai via di qui prima di mezzanotte
Voi non andrete via di qui prima di domani
Io non andrò via di qui prima di lunedí

Antonio non andrà via di qui prima di dopodomani
Piero e Paolo non andranno via di qui prima delle otto
La signorina non andrà via di qui prima delle nove
Tu e Stefano non andrete via di qui prima delle dieci
Io ed Enrico non adremo via di qui prima delle undici.

4. S. Tu perdi sempre tempo
    R. Tu **non fai altro** che perdere tempo.

Noi compriamo sempre medicine
Io telefono sempre
Dario scrive sempre lettere
Dario e Luigi aspettano sempre
Tu e lui suonate e cantate sempre
Voi vi spogliate e vi vestite sempre
La signorina risponde sempre al telefono
I bambini mangiano sempre cioccolatini e caramelle
Il sarto taglia e cuce sempre.

5. S. **Nel gabinetto del dentista** ci sono molte persone
    R. **Dal** dentista c'è tanta gente.

Nell'ambulatorio dell'oculista ci sono molte persone
Nello studio dell'avvocato ci sono molte persone
Nel laboratorio del sarto ci sono molte persone
Nell'ambulatorio del dottore ci sono molte persone
Nell'ambulatorio del pediatra ci sono molte persone
A casa dei nonni ci sono molte persone
Nel salone del parrucchiere ci sono molte persone
A casa vostra ci sono molte persone.

6. S. Noi mettiamo molto burro sul pane/Voi
    R. Voi ne mettete **di meno.**

Voi mettete molto zucchero nel caffè/Io
Tu metti molta marmellata sul pane/Maria
Io metto molto olio nell'insalata/Piero e Paolo
La signora mette molto aceto nell'insalata/Tu
Tu ed Enrico mettete molto sale nell'insalata/Noi
Antonio mette molti biscotti nel tè/Voi
Il nonno e la nonna mettono molto caffè nel latte/La zia
Mio fratello mette molto burro e molta marmellata sui biscotti/Mia sorella.

7. S.   Voi mettete poco burro sul pane/Noi
    R.   Noi ne mettiamo **di piú**.

Io metto poco zucchero nel caffè/Voi
Maria mette poca marmellata sul pane/Tu
Piero e Paolo mettono poco olio nell'insalata/Io
Tu metti poco aceto nell'insalata/La signora
Noi mettiamo poco sale nell'insalata/Tu ed Enrico
Voi mettete pochi biscotti nel tè/Antonio
La zia mette poco caffè nel latte/Il nonno e la nonna
Mia sorella mette poco burro e poca marmellata sui biscotti/Mio fratello.

8. S.   Mio fratello è biondo/Ma tua sorella...
    R.   Ma tua sorella è **piú bionda** ancora.

L'oculista è bravo/ma il dentista
Questa casa è moderna/ma quella
Gli infermieri sono gentili/ma le infermiere
L'avvocato è ricco/ma il medico
Sergio è furbo/ma suo padre
Il nonno è stanco/ma la nonna
Loro sono simpatici/ma voi

9. S.   Marco è alto/ ma suo padre
    R.   Ma suo padre non è **meno alto**.

Il pediatra è molto bravo/ma il chirurgo
Queste ferite sono gravi/ma quelle
Il treno è veloce/ma l'automobile
Il tappeto è antico/ma il quadro
La scatola è pesante/ma la valigia
Tu sei intelligente/ma tua sorella
Le sedie sono comode/ma le poltrone
Questi cioccolatini sono dolci/ma quelle caramelle
Via Verdi è larga/ma via Roma.

10.   S.   Che cos'è? di che si tratta?/un orologio d'argento
      R.   **Si tratta di** un orologio d'argento.

Che cos'è? di che si tratta?/un orologio d'oro
Che cos'è? di che si tratta?/una cosa grave
Che cos'è? di che si tratta?/una febbre leggera

143

Che cos'è? di che si tratta?/un ferito grave
Che cos'è? di che si tratta?/un argomento di attualità
Che cos'è? di che si tratta?/una cosa non comune
Che cos'è? di che si tratta?/una stoffa di lana
Che cos'è? di che si tratta?/una ricetta dello specialista.

11. S. Il dottore non c'è/mi dispiace, ma
     R. **Mi dispiace**, ma il dottore non c'è.

La gente se n'è andata/ci dispiace, ma
Abbiamo bisogno di voi/ci dispiace, ma
Questo non basta/mi dispiace, ma
Il ferito è grave/ci dispiace, ma
La differenza tra questo e quello è tanta/mi dispiace, ma
Il nostro vale di piú/mi dispiace, ma
Questa volta le iniezioni sono necessarie/mi dispiace, ma
Questa volta le farai/mi dispiace, ma
Quell'uomo non è simpatico, né intelligente/mi dispiace, ma

12. S. Si tratta di una discussione **interessantissima**
     R. Sí, è vero, **la piú interessante** di tutte.

Sei stato furbissimo
Sono stati simpaticissimi
La signorina è biondissima
Si è trattato di una spiegazione difficilissima
Si tratta di un giovane intelligentissimo
Si tratta di uno specialista bravissimo
Si tratta di un uomo praticissimo
Si tratta di un disegno e di una misura comunissimi.
Si tratta di una persona poverissima

13. S. Ora siamo stanchi/...(far male) i piedi
     R. Ci **fanno male** i piedi.

Oggi non sto bene/... la testa
Da stamattina non stanno bene/... le ginocchia
Da ieri lui non si sente bene/... la coscia sinistra
Da qualche giorno non dormono bene/... la schiena e le spalle.
Domani andrà dal medico/... il gomito e il braccio destro

Ieri sono andata dal medico/... ancora lo stomaco e i polmoni
I bambini sono stanchi/... le gambe e i piedi.
Lina non ha dormito bene/... ancora il petto e la gola
Dovrò andare dal dottore/... l'intestino e la pancia.

14. S. Ti fa male il cuore?
    R. Hai **mal di** cuore?

Vi fa male il fegato?
Ti fanno male i reni?
Ci fa male lo stomaco
Mi fa male la pancia
Ci fa male la gola
Ti fa male la testa?
Gli fanno male i denti?
Fa male loro la schiena
Le fanno male gli orecchi?

15. S. Non è stata lei: è stata la sorella **più piccola**
    R. Non è stata lei: è stata la sorella **minore**.

Lui non c'era: c'era il fratello piú grande
Questa stoffa non è buona, ma quella è piú cattiva.
Oggi il tempo è cattivo, ma ieri è stato piú cattivo
La lana del mio vestito è buona, ma quella del tuo è piú buona.
I miei bambini sono buoni, ma i tuoi sono piú buoni.
La differenza tra voi due è grande, ma tra loro due è ancora piú grande.
Fra questi due prezzi la differenza è piccola; tra quei due è ancora piú piccola.
A te basta una piccola quantità di zucchero; a me una quantità anche piú piccola.

16. S. Non siamo né furbi né intelligenti
    R. Sí, ma forse siete **piú** furbi **che** intelligenti.

Non è né corto né lungo
Non è né largo né stretto
Non sono né biondo né bruno
Non sei né alta né bassa
Non sono né poveri né ricchi
Non sono né antiche né moderne
Non è né vecchio né nuovo
Non sono né romano né napoletano.

Lezione decima

Una giornata invernale (= d'inverno)

OGGI la giornata è molto fredda. **Piove** e **soffia** un vento forte e gelido. Poche persone **camminano** nelle strade ed è difficile trovare un tassí libero.

Alcune persone **entrano** nei negozi di generi alimentari, **fanno** rapidamente gli acquisti necessari, **prendono** i loro pacchi ed **escono** per correre a casa. Strade e marciapiedi **sono** bagnati.

Tutti **guardano** il cielo nuvoloso preoccupati. Chi ha il parapioggia (ombrello) non **può** aprirlo per il forte vento. Anche in casa i bambini **sono** spaventati e **piangono** perché **hanno** paura.

IERI la giornata **era** molto fredda. **Pioveva** e **soffiava** un vento forte e gelido. Poche persone **camminavano** nelle strade ed **era** difficile trovare un tassí libero.

Alcune persone **entravano** nei negozi di generi alimentari, **facevano** rapidamente gli acquisti necessari, **prendevano** i loro pacchi ed **uscivano** per correre a casa. Strade e marciapiedi **erano** bagnati.

Tutti **guardavano** il cielo nuvoloso preoccupati. Chi **aveva** il parapioggia non **poteva** aprirlo per il forte vento. Anche in casa i bambini **erano spaventati** e **piangevano** perchè **avevano** paura.

OGGI (presente)	IERI (imperfetto)		OGGI (presente)	IERI (imperfetto)	
è	era	(essere)	prendono	prendevano	(prendere)
piove	pioveva	(piovere)	escono	uscivano	(uscire)
soffia	soffiava	(soffiare)	guardano	guardavano	(guardare)
camminano	camminavano	(camminare)	hanno	avevano	(avere)
entrano	entravano	(entrare)	può	poteva	(potere)
fanno	facevano	(fare)	piangono	piangevano	(piangere)

Rispondere alle domande:

1) Com'era la giornata ieri?
2) C'erano pioggia e vento?
3) C'erano molte persone nelle strade?
4) Dove andavano?
5) Che cosa prendevano nei negozi di generi alimentari?
6) Perché uscivano subito?
7) Perché tutti guardavano preoccupati il cielo?
8) Chi aveva il parapioggia poteva aprirlo?
9) Come erano i bambini in casa?
10) Perché piangevano?

IMPERFETTO INDICATIVO

		ESSERE		AVERE	
	Io	ero	in casa ed	avevo	paura
	Tu	eri		avevi	
	Egli	era		aveva	
IERI	Noi	eravamo		avevamo	
	Voi	eravate		avevate	
	Essi	erano		avevano	

	I ENTR-ARE	II PREND-ERE	III USC-IRE
	io entravo in casa	prendevo l'ombrello	uscivo
	tu entravi	prendevi	uscivi
	egli entrava	prendeva	usciva
IERI	noi entravamo	prendevamo	uscivamo
	voi entravate	prendevate	uscivate
	essi entravano	prendevano	uscivano

147

IMPERFETTO

BERE: bevevo, bevevi, beveva, bevevamo, bevevate, bevevano
CONDURRE: conducevo, conducevi, conduceva, conducevamo, conducevate, conducevano
DIRE: dicevo, dicevi, diceva, dicevamo, dicevate, dicevano
FARE: facevo, facevi, faceva, facevamo, facevate, facevano
PORRE: ponevo, ponevi, poneva, ponevamo, ponevate, ponevano
TRADURRE: traducevo, ecc.

---

il parapioggia = l'ombrello; gelido= freddo come la neve
rapidamente = velocemente

libero ⟷ occupato   bagnato ⟷ asciutto
necessario ⟷ superfluo   nuvoloso ⟷ sereno o limpido

Esercizio

Sostituire l'imperfetto all'infinito tra parentesi:
(Esempio: Quando (esserci) vento, noi (chiudere) la finestra -
Quando **c'era** vento, noi **chiudevamo** la finestra).

1) In casa noi (parlare) a voce bassa, perché mio padre (dormire). 2) Negli ultimi anni tu (passare) le vacanze in montagna, io (andare) al mare. 3) Voi (cercare) noi in mezzo alla folla e non ci (trovare). 4) Io (bere) molto perché (esserci) caldo. 5) L'autista (condurre) l'autobus a gran velocità. 6) Il traduttore (essere) molto bravo: (tradurre) benissimo. 7) Tutti mi (dire) che io (fare) bene a non parlare. 8) Gli allievi (porre) i libri nella borsa e (lasciare) l'aula. 9) Noi (cercare) la stoffa per un vestito, ma quella che (esserci) non ci (piacere).

la montagna

il mare

la folla

Al mercato

La signora Anna va al mercato due o tre volte la settimana.

Ieri ha fatto la spesa per alcuni giorni. L'accompagnava la piú grande delle figlie; **mentre l'una era** dal macellaio per comprare la carne, **l'altra sceglieva** la frutta e la verdura dal fruttivendolo. Poi sono entrate nel negozio del salumiere per comprare salumi e formaggi. Alla fine avevano le borse piene e non mancava nulla.

In casa Bruni il frigorifero è sempre pieno di provviste: il latte e il burro per la colazione del mattino, le uova, le bibite e molta frutta.

FRUTTA

l'uva   la mela   la pera   la banana

VERDURA

il carciofo   la lattuga   il pomodoro   la patata

1) Mentre la figlia comprava la frutta, la madre andava dal macellaio.
   — Che cosa faceva la madre, mentre la figlia comprava la frutta?

2) Mentre tu sbucciavi la mela, io mangiavo l'uva.
   — Che cosa facevi tu, mentre io mangiavo l'uva?

3) La mamma faceva la spesa e i figli l'aspettavano a casa.
   — Dov'era la madre, mentre i figli l'aspettavano a casa?

4) Quel signore leggeva il giornale mentre mangiava.
   — Quando leggeva il giornale quel signore?

5) Tu piangevi e non potevi parlare.
   — Perché non potevi parlare?

Rispondere alle domande:

1) La signora Anna va ogni giorno al mercato?
2) Chi l'accompagnava ieri a fare la spesa?
3) Che cosa faceva l'una mentre l'altra comprava la carne?
4) Perché sono andate dal salumiere?
5) Come erano le loro borse alla fine della spesa?
6) Che cosa c'è generalmente nel frigorifero della famiglia Bruni?
7) Ti piace l'insalata di lattuga e pomodori?
8) Hai mangiato qualche volta carciofi per contorno?
9) Preferisci le patate fritte o bollite?
10) Il prosciutto, il salame, la mortadella e la pancetta sono salumi. Quale preferisci?

I SALUMI (il salume)

prosciutto   salame   mortadella   pancetta

PASSATO PROSSIMO + IMPERFETTO

Una breve visita

Ieri non **siamo usciti** perchè **aspettavamo** una visita di amici che non **vedevamo** da tanto tempo. I nostri amici **sono arrivati** tardi, quando noi ormai non li **aspettavamo** piú. **Era** quasi l'ora di cena! Però ci **ha fatto** gran piacere rivederli. **Abbiamo parlato** di tante cose interessanti e quando **se ne sono andati** ci **hanno promesso** un'altra visita fra un paio di settimane.

Volevamo accompagnarli in macchina, ma essi **hanno preferito** andare a piedi perché non **avevano** fretta di rientrare a casa e **volevano** fare una passeggiata.

Rispondere alle domande:

1) Perché ieri non siamo usciti?
2) Quando sono arrivati i nostri amici?
3) Che ora era quando sono arrivati?
4) Che cosa ci hanno promesso quando se ne sono andati?
5) Perché hanno preferito andare a piedi?

  a) Ti ho visto mentre prendevi l'autobus.
     Quando ti ho visto?

  b) Ieri ho mangiato poco perché non avevo fame.
     Perché ho mangiato poco ieri?

  c) Lei, signorina, è arrivata mentre io uscivo.
     Quando è arrivata, Lei, signorina?

151

Esercizio

Sostituire nelle seguenti frasi il presente dei verbi con il passato prossimo e l'imperfetto:

(Esempio: Non **studio**, perché **sono** stanco.

Non **ho studiato**, perché **ero** stanco)

1) Non compro quel libro, perché ho pochi soldi.
2) Andiamo a ballare, perché vogliamo divertirci.
3) Arriviamo tardi alla lezione, perché piove.
4) Non posso telefonare, perché il telefono non funziona.
5) Non mangio la frutta, perché non è buona.
6) Mangio in fretta, perché devo partire.
7) Prendiamo l'autobus, perché è tardi.
8) Il professore ripete la spiegazione, perché noi non capiamo.
9) I genitori possono lavorare a casa, perché i bambini dormono.
10) Mangiamo poca frutta, perché non ne abbiamo altra.

Esercizio

Sostituire nelle frasi seguenti l'imperfetto indicativo con la forma del verbo **stare** + il gerundio:

(Esempio: Il ragazzo **giocava** nel giardino - il ragazzo **stava giocando** nel giardino)

1) La mamma parlava col pescivendolo. 2) Leggevamo il giornale dal barbiere. 3) Aspettavamo tutti davanti alla porta. 4) Marco apriva la valigia. 5) Li accompagnavo alla stazione. 6) Pensavo a voi. 7) Compravamo prosciutto e salame. 8) Che cosa compravate dal fruttivendolo? 9) Compravamo arance, mele e pere. 10) Perché entravate in quella stanza? 11) Fumavano l'ultima sigaretta invece di andarsene. 12) Faceva qualche piccolo lavoro in giardino. 13) Alle dieci ancora mangiavano. 14) Nevicava da due giorni. 15) Bevevamo una birra nel bar della stazione. 16) Scrivevo una lunga lettera a mio figlio. 17) La ragazza si vestiva per uscire con gli amici. 18) La signora faceva la spesa per tre giorni. 19) Il dentista tirava un dente alla vecchia zia. 20) Noi preparavamo le valigie per partire.

il pescivendolo

il barbiere

Il vecchio amico

Lo **avevano visto** l'ultima volta piú di dieci anni fa, poi **era partito** e non **avevano saputo** piú nulla di lui.

I primi tempi **aveva dato** sue notizie scrivendo loro qualche cartolina, ma essi non **avevano risposto**, perché non avevano il suo indirizzo.

Qualche anno dopo **avevano avuto** sue notizie da comuni amici che **erano stati** in America in viaggio turistico; **aveva promesso** una visita a sorpresa.

Ora è qui davanti a loro, ma com'è cambiato!

TRAPASSATO PROSSIMO

Imperfetto di **essere** o **avere** + participio passato = **Trapassato prossimo**

Avevano visto	trapassato di	vedere
era partito	» »	partire
avevano saputo	» »	sapere
aveva dato	» »	dare
avevano risposto	» »	rispondere
avevano avuto	» »	avere
erano stati	» »	essere
aveva promesso	» »	promettere

Rispondere alle domande:

1) Quando avevano visto l'amico l'ultima volta?
2) Che cosa avevano saputo di lui dopo che era partito?
3) I primi tempi aveva dato sue notizie?
4) Perché essi non avevano risposto?
5) Da chi avevano avuto sue notizie?
6) Dove erano stati gli amici comuni?
7) Che cosa aveva promesso lui?
8) È cambiato dopo tanti anni?

Ieri stavo male perché il **giorno precedente avevo mangiato** troppo.

La **settimana scorsa** sono stato a Milano, la **settimana precedente ero stato** a Torino.

TRAPASSATO PROSSIMO

Essere: ero stato-a, eri stato-a, era stato-a, eravamo stati-e, eravate stati-e, erano stati-e.

Avere: avevo avuto, avevi avuto, aveva avuto, avevamo avuto, avevate avuto, avevano avuto.

153

I	II	III
Dare	**Prometter**	**Partire**
Io avevo dato	avevo promesso	ero partito-a
Tu avevi dato	avevi promesso	eri partito-a
Egli aveva dato	aveva promesso	era partito-a
Noi avevamo dato	avevamo promesso	eravamo partiti-e
Voi avevate dato	avevate promesso	eravate partiti-e
Essi avevano dato	avevano promesso	erano partiti-e

Io **avevo dato** ciò che **avevo promesso** ed **ero partito**-a
Tu **avevi dato** ciò che **avevi promesso** ed **eri partito**-a

Esercizio

Sostituire il trapassato prossimo all'infinito tra parentesi:
(Es.: Mio padre è arrivato quando noi già (uscire).
Mio padre è arrivato quando noi già **eravamo usciti**.

1) Questa mattina è arrivata la lettera che tu (spedire) la settimana scorsa.
2) Abbiamo rivisto il film che (vedere) un anno fa.
3) Abbiamo potuto vedere lo spettacolo perché (comprare) i biglietti il giorno precedente.
4) Io ero stanco perché (ballare) tutta la notte e (dormire) poche ore.
5) Sono stato bene in questa città, ma i primi tempi (trovarsi) male perché non (trovare) subito l'alloggio.
6) Voi non avete trovato nessuno in casa, perché noi (andare) il giorno prima a Torino.
7) Ieri abbiamo comprato soltanto il pane, perché tre giorni prima (fare) la spesa per una settimana.
8) Non potevo andare al concerto perché non (ricevere) l'invito.
9) L'autista (aumentare) la velocità, ma non siamo arrivati in tempo perché (finire) la benzina.
10) C'era ancora molta gente per le strade perché poche ore prima (esserci) un comizio politico.

Sciopero dei mezzi di trasporto

Dalle otto di questa mattina non circolano né autobus né filobus, né tram. Tutto il personale delle linee urbane è in sciopero per alcune rivendicazioni salariali determinate dall'aumento del costo della vita che si è verificato negli ultimi sei mesi.

La città sembra morta e chi non ha una macchina deve percorrere a piedi lunghi tratti di strada per raggiungere il posto di lavoro.

Un comizio è fissato per mezzogiorno nella grande piazza della Repubblica e già molti cortei si avviano per ascoltare i discorsi degli organizzatori dello sciopero. Vi partecipano anche altri sindacati di lavoratori per solidarietà con i conducenti e i bigliettai dei mezzi di trasporto pubblici.

C'è molta comprensione per questi lavoratori, ma c'è anche una città paralizzata e c'è chi deve percorrere dei chilometri a piedi con il sole che picchia implacabile sulla testa dei cittadini!

Furto in un negozio di elettrodomestici

Questa notte i ladri sono penetrati nel piú importante negozio di elettrodomestici della città ed hanno rubato una quantità enorme di apparecchi per un valore di decine di milioni.

Lo stesso negozio l'anno scorso aveva subito un furto di alcuni registratori a nastri e a musicassette, di qualche giradischi, di macchine fotografiche, di due piccoli televisori, di quattro cineprese ed un proiettore. Questa volta i ladri hanno avuto il tempo di fare sparire anche lavabiancheria, lavastoviglie, lucidatrici e aspirapolvere!

La polizia ha rilevato alcune impronte digitali nella saracinesca, e da questa mattina dà la caccia ai ladri; ha operato già delle perquisizioni, ma non ha trovato ancora traccia della refurtiva.

Esercizi integrativi

1. S.   Le provviste **sono** poche e non **bastano**
    R.   Le provviste **erano** poche e non **sono bastate**.

La carne è poca e non basta
La frutta è poca e non basta
Le bibite sono poche e non bastano
Il prosciutto è poco e non basta
I salumi sono pochi e non bastano
La stoffa è poca e non basta
Lo zucchero è poco e non basta.

2. S.   Mentre gli uni **lavorano** gli altri **si divertono** a guardare
    R.   Mentre gli uni **lavoravano** gli altri **si divertivano** a guardare.

Mentre l'una fa la spesa l'altra aspetta fuori del negozio.
Mentre l'uno esce l'altro rientra a casa

155

Pagina centocinquantasei

Mentre le une parlano le altre ascoltano con attenzione
Mentre gli uni scendono gli altri salgono le scale
Mentre l'uno dorme l'altro legge a voce bassa
Mentre l'una balla l'altra sta seduta al tavolo
Mentre gli uni hanno bisogno di tutto gli altri non hanno bisogno di nulla.
Mentre l'uno mi rimprovera l'altra mi sorride.

    3.   S. **Vogliono** cenare perché **hanno** fame
          R. **Volevano** cenare perché **avevano** fame.

Voglio dormire perché ho sonno
Vuole bere perché ha sete
Volete vestirvi perché avete freddo
Vuoi correre perché hai fretta
Vogliamo aspettare perché abbiamo tempo
Voglio correre perché ho paura
Vogliono comprare perché hanno soldi
Vuole spogliarsi perché ha caldo.

    4.   S. Avevano tanta fame/Noi
          R. **Anche** noi avevamo tanta fame.

Avevo tanto sonno/tu
Aveva tanta sete/voi
Avevate tanto freddo/io
Aveva fretta/loro
Avevi tanto tempo/lei
Avevamo tanta paura/loro
Avevano tanti soldi/voi
Aveva tanto caldo/voi.

    5.   S. Avevano fame, ma non potevano mangiare/Noi
          R. **Neanche** noi potevamo mangiare.

Aveva caldo, ma non poteva spogliarsi/loro
Avevate soldi, ma non potevate comprare/tu
Avevo paura, ma non potevo correre/lui
Avevi tempo, ma non potevi aspettare/io
Avevano fretta, ma non potevano correre/lui
Aveva freddo, ma non poteva vestirsi/noi
Avevamo sete, ma non potevamo bere/lei
Avevate sonno, ma non potevate dormire/i bambini.

156

6. S. Alcuni rimanevano   altri se ne andavano
    R. Alcuni **erano rimasti**   **altri se n'erano andati**.

Alcuni si sentivano bene	altri si sentivano male
Alcuni suonavano	altri cantavano
Alcuni si preparavano per uscire	altri insistevano per rimanere a casa
Alcuni costruivano	altri distruggevano
Alcuni le vendevano	altri le compravano
Alcuni bevevano	altri mangiavano
Alcuni lasciavano squillare il telefono	altri rispondevano
Alcuni prendevano l'autobus	altri andavano a piedi.

7. S. I tassí **erano** liberi
    R. **Qualche** tassí **era** libero.

I medici prescrivevano solo iniezioni
Le farmacie erano aperte
I medici specialisti sono bravi
Gli amici verranno da noi
I banchi non erano puliti
I tappeti non sono puliti
I quadri non sono belli
Le stelle brillavano nel cielo.

8. S. Noi compriamo molti giornali/Voi ... di noi
    R. Voi comprate **piú** giornali **di** noi.

Io ho molti dischi/tu ... di me
Voi fate molti errori/noi ... di voi
Noi abbiamo molti fiori/i nostri amici ... di noi
Loro restano molti giorni/lei ... di loro
Tu conosci molte città/lui ... di te
Lei visita molti musei/voi ... di lei
Loro hanno molti tappeti/voi ... di loro
Noi abbiamo molti quadri/voi ... di noi

9. S. Io bevo poco caffè/tu ... di me
    R. Tu ne bevi **meno** di me.

Silvia mette poco zucchero/Ugo ... di Silvia
Il mio amico mangia molta frutta/Luciana ... del mio amico
Voi ricevete poche lettere/noi ... di voi

157

Pagina centocinquantotto

Tu traduci poche pagine del libro/lei ... di te
Essi comprano pochi salumi/voi ... di loro
Quella signorina mette poco limone nel tè/io ... di lei
Noi abbiamo poche provviste nel frigorifero/loro ... di noi
I ragazzi leggono pochi libri/le ragazze ... di loro [dei ragazzi].

10. S. C'erano il prosciutto, il salame e la pancetta.
     R. **Non mancava nulla**.

C'è il pane, il formaggio e il vino
Ci sono mele, pere e banane
C'erano pesci, carne, verdura e frutta
C'erano il frigorifero, la cucina e la lavatrice.
C'era l'acqua, il vino, l'olio e l'aceto
Ci sono cioccolatini, caramelle e bibite
C'è birra, vino e acqua minerale
C'erano caffè, tè, latte, zucchero e limone.

11. S. C'erano **pochi** tassí: era **difficile** trovarne uno libero
     R. C'erano **molti** tassí: era **facile** trovarne uno libero.

Nel ristorante ci sono pochi tavoli: è difficile trovarne uno libero.
Davanti al televisore (nel soggiorno) c'erano poche sedie: era difficile trovarne una libera.
In questa città ci sono pochi telefoni: è difficile trovarne uno libero.
Nel vostro albergo c'erano poche camere: era difficile trovarne una libera.
Sull'autobus ci saranno pochi posti: sarà difficile trovarne uno libero.
All'ospedale c'erano pochi medici: è stato difficile trovarne uno libero.
Al pronto soccorso c'erano poche infermiere: è stato difficile trovarne una libera.
In quel grande edificio ci sono pochi ascensori: è difficile trovarne uno libero.

12. S. Leggeva la lettera - Era arrivata la lettera
     R. Leggevo la lettera **che** era arrivata.

Tu pensavi sempre ai soldi
Non bastavano le provviste
Erano tanti i musei
Non bevevamo le bibite
Era libero il tassí
Aspettavamo il dottore
Mangiava la carne
Piangevano i due bambini

Avevi perso i soldi
Io avevo comprato le provviste
Gli zii avevano visitato i musei
Tu avevi comprato le bibite
Avete chiamato il tassí
Avevamo chiamato il dottore
Era rimasta la carne
Due bambini erano caduti.

158

13. S. Nella piazza tutti i tassí sono occupati
    R. No, **ce ne sono** due liberi.

Sull'autobus tutti i posti sono occupati
Al cinema tutte le poltrone sono occupate
Al ristorante tutti i tavoli sono occupati
Nell'albergo tutte le camere sono occupate
Nell'albergo tutti gli ascensori sono occupati
Nel soggiorno tutte le sedie sono occupate
Nell'aula tutti i banchi sono occupati
Nella metropolitana tutti i posti sono occupati.

14. S. La fidanzata non **sorride** quasi mai; **è** triste
    R. La fidanzata non **sorrideva** quasi mai; **era** triste

Il fidanzato sorride quasi sempre; è allegro
Non abbiamo mai del denaro; siamo poveri
Quel macellaio ha molto denaro; è ricco
Babbo lavora sempre molto; è stanco
Si alzano dal letto; sono riposate
Nel mio caffè non c'è zucchero; è amaro
Nel suo caffè c'è molto zucchero; è dolce
Vi alzate presto e andate a lavorare; siete laboriosi
Ti alzi tardi e non vai a lavorare; sei pigro.

15. S. La ferita del bambino non era leggera/grave
    R. **Anzi** era grave.

Il marciapiedi della nostra via non era largo/stretto
Le poltrone del nostro salotto non sono comode/scomode
Ago e filo per cucire non erano superflui/necessari
Il cielo non era né sereno, né limpido/nuvoloso
Le tue mani non sono asciutte/bagnate
Quel suo fidanzato non era antipatico/simpatico
Non lo conosco, ma non è sciocco/furbo
Non lo conosci, ma non è tonto/intelligente.

Lezione undicęsima

Al ristorante

Cameriere: Prego, signori, si accǫmodino. Preferịscono un tạvolo centrale o vicino alla finestra?

Cliente: Siamo quattro persone. **Preferiremmo** quel tạvolo là, lontano dall'entrata.

(Si siędono al tạvolo e lęggono la lista che porge loro il cameriere)

Cameriere: Desịderano cominciare con un antipasto?

Cliente: Sí, **vorremmo** un antipasto misto per noi due, possibilmente con frutti di mare, del prosciutto con melone per le signore.

Cameriere: Bene. Come primo piatto? Cannelloni, lasagne, ravioli, gnocchi, fettuccine, spaghetti, risotto, minestra in brodo...

1ª Signora: No, no; per me niente di tutto questo. Io **desiderẹrei** mangiare qualcosa di leggero, un brodo.

2ª Signora: Io **prenderẹi** un risotto alla milanese.

Cliente: E per noi due uǫmini **andrebbe** bene un bel piatto di spaghetti col ragú.

Cameriere: Come secondo piatto **potrẹi** consigliare dell'ǫttimo pesce: orate, dęntici, spịgole, anguille... oppure un fritto misto di trịglie, cala- mari, polpi e sẹppie. Naturalmente abbiamo anche del filetto ar- rosto, vitello al forno, braciole di maiale e cotolette alla milanese, bistecca ai ferri.

Cliente: Va bene il fritto misto per tutti. Vino bianco ed acqua minerale. Come contorno insalata verde e patate fritte.

Cameriere: Molto bene. Grạzie. Dopo mi diranno se desịderano formạggio, dolce e frutta. Li serviremo sụbito.

Cliente: **Dovrebbe** cambiare questa tovaglia e portare un altro tovagliolo.
Cameriere: Viene subito il ragazzo.

Rispondere alle domande:

1) Quale tavolo preferiscono i signori al ristorante?
2) Che cosa vorrebbero mangiare come antipasto?
3) Che cosa suggerisce il cameriere per primo piatto?
4) Che cosa desidererebbe mangiare la prima signora?
5) Quale piatto andrebbe bene per la seconda signora?
6) Quale pietanza scelgono tutti? (=secondo piatto)
7) C'è molta varietà di pesce in questo ristorante?
8) Potresti ripetere i piatti di carne che consiglia il cameriere?
9) Ti piacerebbe mangiare spesso pesce?
10) Sapresti ripetere alcuni nomi di frutta?

IL CONDIZIONALE

ESSERE:
futuro: sarò, sarai ...
condizionale presente: sarei ...

AVERE:
futuro: avrò, avrai ...
condizionale presente: avrei ...

Io	sarei	avrei
Tu	saresti	avresti
Egli	sarebbe	avrebbe
Noi	saremmo	avremmo
Voi	sareste	avreste
Essi	sarebbero	avrebbero

DESIDERARE:
futuro: desidererò
condizionale: **desidererei**

PRENDERE:
futuro: prenderò
condizionale: **prenderei**

PREFERIRE:
futuro: preferirò
condizionale: **preferirei**

161

I DESIDERARE	II PRENDERE	III PREFERIRE
Io desidererei	prenderei	preferirei
Tu desidereresti	prenderesti	preferiresti
Egli desidererebbe	prenderebbe	preferirebbe
Noi desidereremmo	prenderemmo	preferiremmo
Voi desiderereste	prendereste	preferireste
Essi desidererebbero	prenderebbero	preferirebbero

1) Chi è stanco e sta in piedi desidera stare seduto.
Chi è stanco e sta in piedi volentieri **starebbe** seduto.

2) Non vengo da te, perché non ho tempo.
Verrei da te, ma non posso, perché non ho tempo.

3) Guido non va mai a piedi, va sempre in macchina.
Senza la macchina non **andrebbe** in nessun posto, non **uscirebbe** mai.
Non so come **farebbe** senza la macchina.

4) Fa caldo, abbiamo sete, ma non c'è nulla da bere.
Berremmo volentieri una birra fresca.

5) Quei signori sono nostri amici e vogliono aiutarci.
Vorrebbero aiutarci, ma non sanno come fare.

6) Forse vi piace venire con noi al cinema. Non è vero?
Vi **piacerebbe** venire con noi al cinema?

7) Non sono italiano, ma desidero vivere in Italia.
Mi **piacerebbe** vivere in Italia, ma non è possibile.
Vivrei volentieri in Italia, ma non è possibile.

possibile = ciò che noi possiamo fare
impossibile = ciò che noi **non** possiamo fare

possibile ⟷ impossibile

	Futuro			Condizionale		
POTERE	: potrò	....	potrẹi,	potresti,	ecc. ecc.	
VOLERE	: vorrò	....	vorrẹi,	vorresti	....	
DOVERE	: dovrò	....	dovrẹi,	dovresti	....	
ANDARE	: andrò	....	andrẹi,	andresti	....	
DARE	: darò	....	darẹi,	daresti	....	
FARE	: farò	....	farẹi,	faresti	....	
STARE	: starò	....	starẹi,	staresti	....	
BERE	: berrò	....	berrẹi,	berresti	....	
CADERE	: cadrò	....	cadrẹi	cadresti	....	
RIMANERE	: rimarrò	....	rimarrẹi,	rimarresti	....	
SAPERE	: saprò	....	saprẹi,	sapresti	....	
TENERE	: terrò	....	terrẹi,	terresti	....	
VEDERE	: vedrò	....	vedrẹi,	vedresti	....	
VIVERE	: vivrò	....	vivrẹi,	vivresti	....	
VENIRE	: verrò	....	verrẹi,	verresti	....	

Esercịzio

Completare le frasị con il condizionale:
(Esẹmpio: Guido **preferirebbe** partire **domani** - Io .... oggi; Io **preferirẹi** partire **oggi**)

1) I bambini preferirẹbbero partire domani — Noi .... oggi
2) Sua madre .... — La fịglia ....
3) Voi .... — I vostri amici ....
4) Tu .... — Io ....

5) Noi desidereremmo rimanere a casa — Voi .... farẹ una passeggiata
6) I bambini .... — Le bambine ....
7) Io .... — Il mio amico ....
8) Tu .... — Noi ....

9) Voi prendereste la carne — Noi .... il pesce
10) Tu .... — Essi ....
11) Io .... — Gli amici ....
12) Gli amici .... — La signora ....

Completare le frasi:
a) **avere**

1) Domani noi **avremmo** piú tempo — Voi ....
2) La zia **avrebbe piacere** di vederti — I nostri amici ....
3) Io non **avrẹi paura** di uscire — Tu ....

Pagina centosessantaquattro

b) **essere**

1) Senza la spiegazione l'esercizio
   sarebbe difficile
2) Senza questi amici io **sarei triste**
3) Noi **saremmo felici** di vedervi

— Gli esercizi ....
— Voi ....
— Il nonno ....

Esercizio

Sostituire il condizionale all'infinito tra parentesi:
(Esempio: Voi (venire) al ristorante con noi? - Voi **verreste** al ristorante con noi?)

1) Che cosa tu (mangiare) in questo momento? Io (mangiare) una banana.
2) Quando partirai? Io (dovere) partire oggi, ma partirò domani sera.
3) Che cosa (fare) al mio posto? Io (andare) da lui e gli (spiegare) tutto.
4) Senza il vostro aiuto noi non (fare) niente.
5) Scusi, signorina, (potere) indicarmi dov'è la via Roma?
6) Qui in città stiamo bene; noi (rimanere) volentieri ancora una settimana.
7) Per arrivare in orario, voi (dovere) prendere un tassì.
8) Volete bere qualcosa? Grazie, noi (bere) un caffè, i ragazzi (bere) volentieri un'aranciata.
9) Essi (stare) ancora con noi, ma (dovere) avvertire i loro genitori.
10) Io (tenere) con me il denaro, ma ho paura di perderlo.
11) I bambini (volere) venire con noi, ma forse ci (dare) fastidio.
12) Noi non (vivere) mai in una casa così piccola e senza giardino; non (sapere) dove tenere il cane.
13) Io (vedere) volentieri i tuoi genitori. Tu (dovere) dire loro che li aspetto a casa.
14) Voi (preferire) un tè o un caffè? Noi (bere) soltanto un bicchiere d'acqua.
15) Arriveranno domani gli amici americani. Li (vedere) volentieri anch'io.

Aranciata = bibita fatta con le arance e l'acqua minerale
avvertire = informare; dare fastidio = disturbare

CI (indica luogo)

Io vado ogni anno in Italia a Firenze = Io **ci** vado ogni anno

Voi .... = Voi ....
I nostri amici .... = I nostri amici ....
Tu .... = Tu ....
Mio padre .... = Mio padre ....
Noi .... = Noi ....

164

Noi veniamo spesso	in questo posto a Firenze	= Noi **ci** veniamo spesso
Tu		= Tu . . . .
Gli studenti stranieri		= Gli studenti stranieri . . . .
Quel signore		= Quel signore . . . .
Io		= Io . . . .
Voi		= Voi . . . .

Viviamo a Roma da tre anni	= **Ci** viviamo da tre anni
Tu	= Tu . . . .
Il professore	= Il professore . . . .
I nostri amici	= I nostri amici . . . .
Io	= Io . . . .
Voi	= Voi . . . .

DOVE VOLETE ANDARE?

1) Dove andrete quest'anno in vacanza?
   — Quest'anno andremo **al mare**. L'anno scorso siamo stati **al lago** di Garda.

   Noi invece faremo come l'anno scorso: andremo un mese **in montagna a Cortina D'Ampezzo** un mese **al mare, in Sicilia, a Taormina**. L'anno venturo, se non andremo **in campagna**, rimarremo **in città**.

2) Sei stato mai **all'estero?**
   — Sono stato recentemente **in Francia, a Parigi**, e **in Inghilterra, a Londra** e **ad Oxford**. Qualche anno fa sono andato **in America, a Nuova York** e **a Filadelfia, negli Stati Uniti**.

3) Molti turisti stranieri ogni anno vanno **in Italia, a Roma, a Venezia, a Firenze, a Napoli**. Molti vanno anche **in Sicilia** e **in Sardegna**, le due isole grandi del Mediterraneo; altri preferiscono andare **a Capri** e **ad Ischia**, le piccole isole vicino a Napoli.

4) I turisti italiani vanno **in Spagna, in Grecia, in Francia** e **in quasi tutti i paesi** dell'Europa. Alcuni vanno **in America negli Stati Uniti** o **in Australia**.

165

DOVE ANDATE?

(in...)

Vogliamo andare in America   nell'America Meridionale (= del Sud)
Vogliamo andare in Europa   nell'Europa Centrale
Vogliamo andare negli Stati Uniti
Vogliamo andare in Italia   nell'Italia Settentrionale (= del Nord)
Vogliamo andare in Sicilia
Vogliamo andare in Sardegna

Vogliamo andare in città   nella città di confine
Vogliamo andare in campagna   nella campagna di un amico
Vogliamo andare in montagna   nella montagna vicina
Vogliamo andare in ufficio   nell'ufficio della dogana
Vogliamo andare in albergo   nell'albergo del centro
Vogliamo andare in camera   nella camera n. 125
Vogliamo andare in biblioteca   nella biblioteca universitaria
Vogliamo andare in chiesa   nella chiesa gotica
Vogliamo andare in trattoria   nella trattoria della stazione
Vogliamo andare in pizzeria   nella pizzeria del porto

DOVE LAVORATE?

Lavoriamo	in America	nell'America del Nord
»	in Europa	ecc. ecc.
»	negli Stati Uniti	
»	In Italia	
»	in Sicilia	
»	in Sardegna	

DOVE STATE?

Stiamo	in città	nella città vicina
»	in campagna	ecc. ecc.
»	in montagna	
»	in albergo	
»	in camera	
»	in biblioteca	
»	in aula	
»	in trattoria	
»	in chiesa	
»	in ufficio	

DOVE ANDATE?

(a....)

Andiamo	a Nuova York	al mare
»	a Venezia	al lago
»	a Capri	al fiume
»	a Malta	alla spiaggia
»	a scuola	al bar
»	a letto	al ristorante
»	a colazione	al concerto
»	a cena	al mercato
»	a teatro	allo stadio
»	a passeggio	alla stazione
»	a spasso	alla posta
		alla banca
		all'Università
		al Ministero
		al Consolato
		all'Ambasciata

Andare	a vedere un film	(al cinema)
»	a sentire un concerto	(al concerto)
»	a vedere una commedia	(al teatro)
»	a fare la spesa	(al mercato)
»	a fare una gita	(in montagna)
»	a ballare	(in un locale notturno)

167

COME CI VAI?

andare a piedi   andare in bicicletta
andare a cavallo   andare in macchina

va a piedi   va a cavallo   va in bicicletta   va in macchina

1) — Come vai a scuola ogni giorno?
    — Ci vado **a piedi**, e, quando piove, **in autobus.** Ci andrei sempre **in bicicletta**, ma mia madre non vuole.

2) — Lei, signorina, come va in ufficio?
    — Ci vado **in macchina** e spesso, quando il tempo è bello, ci vado **a piedi**.

Possiamo	andare	in aereo	(con l'aereo)
»	»	in macchina	(con la macchina)
»	»	in treno	(col treno)
»	»	in autobus	(con l'autobus)
»	»	in nave	(con la nave)
»	»	in barca	(con la barca)
»	»	in bicicletta	(con la bicicletta)
»	»	in motocicletta	(con la motocicletta)

IL CONDIZIONALE PASSATO

1) Faceva caldo, avevamo sete, ma non c'era nulla da bere.
   Avremmo bevuto volentieri una birra fresca.

2) Perché ieri non siete venuti con noi a ballare?
   Saremmo venuti con piacere, ma eravamo troppo stanchi.

3) Hanno fatto la gita in montagna i tuoi cugini?
   L'avrebbero fatta sicuramente, ma il tempo era pessimo e sono rimasti a casa. (sicuramente = certamente)

4) Signora, ha portato i bambini a passeggio?
   Li **avrei portati**, ma non ho avuto tempo.

5) Sai se oggi Luisa verrà con te al mercato a fare la spesa?
   Sí, mi diceva che **sarebbe venuta** certamente.

6) Sai se Cesare è andato in Sicilia?
   Diceva che **sarebbe andato** in Sicilia, invece è andato a Capri.

7) Come sono andati a Parigi Franco e Luisa?
   Ci avevano detto che **sarebbero partiti** in aereo, ma all'ultimo momento
   hanno preferito prendere il treno.

	ESSERE			AVERE	
Io	sarei	stato-a		avrei	avuto
Tu	saresti	stato-a		avresti	avuto
Egli	sarebbe	stato-a		avrebbe	avuto
Noi	saremmo	stati-e		avremmo	avuto
Voi	sareste	stati-e		avreste	avuto
Essi	sarebbero	stati-e		avrebbero	avuto

	I DESIDERARE		II PRENDERE		III VENIRE		
Io	avrei	desiderato	avrei	preso	sarei	venuto-a	
Tu	avresti	»	avresti	»	saresti	»	»
Egli	avrebbe	»	avrebbe	»	sarebbe	»	»
Noi	avremmo	»	avremmo	»	saremmo	venuti-e	
Voi	avreste	»	avreste	»	sareste	»	»
Essi	avrebbero	»	avrebbero	»	sarebbero	»	»

Esercizio

Sostituire l'indicativo col condizionale passato:
(Esempio: Ieri **sono venuto** da voi.
        Ieri **sarei venuto** da voi, ma non eravate a casa)

1) **Sono andato** al mare.
   .... al mare, ma il tempo non era bello.

2) **Siamo arrivati** in tempo.
.... in tempo, ma l'autobus è partito in ritardo.

3) Ti **ho telefonato**
Ti ...., ma non avevo il tuo numero di telefono.

4) **Hai fatto** bene a venire al concerto.
.... bene a venire al concerto, perché il pianista era straordinario.

5) **Hanno partecipato** alla gita in campagna.
.... alla gita in campagna, ma l'hanno saputo troppo tardi.

6) **È venuta** alla stazione ad attendervi.
.... alla stazione ad attendervi, ma non ha ricevuto il telegramma.

7) **Sono venuti** anche i bambini.
.... anche i bambini, ma li abbiamo lasciati ai nonni.

8) So che ci **avete aiutato**.
So che ci ...., ma non ho voluto disturbarvi.

Esercizio

Sostituire il futuro indicativo col condizionale passato:
(Esempio: Dice che andrà all'Ambasciata - Diceva che **sarebbe andato** all'Ambasciata)

1) Ripete spesso che **partirà** presto per l'Italia.
Ripeteva spesso che .... presto per l'Italia.

2) Non credo che **mangerà** tanto
Non credevo che .... tanto.

3) Penso che **arriverà** subito.
Pensavo che .... subito.

4) Dice che ci **porterà** i libri e le riviste
Diceva che ci .... i libri e le riviste.

5) Mi promette che **risponderà** alla mia lettera
Mi ha promesso che .... alla mia lettera.

6) Pensiamo che **spenderà** di meno per i nuovi acquisti
Pensavamo che .... di meno per i nuovi acquisti.

7) Sono sicuro che **verrete** tutti
Ero sicuro che .... tutti.

8) So che **partirete** tutte col treno delle 11.
Sapevo che .... tutte col treno delle 11.

170

9) Dice che **farà** tutto il possibile per arrivare in tempo
Ha detto che .... tutto il possibile per arrivare in tempo.

10) Credo che Marco **verrà** con tutta la famiglia
Credevo che Marco .... con tutta la famiglia.

Una vacanza impossibile

Negli anni scorsi abbiamo sempre prenotato in tempo utile l'albergo per passare una quindicina di giorni in montagna; quest'anno siamo stati incerti fino all'ultimo momento e siamo partiti in cerca di qualche posto dove fermarci almeno una settimana. Tutto esaurito!

Una notte siamo rimasti a dormire in macchina, perché non c'era una camera libera in nessun albergo! Sarebbe stato logico tornare a casa, ma abbiamo voluto insistere nella ricerca e siamo andati a finire in una piccola pensione dove mancava anche l'acqua!

«Avremmo dovuto prenotare due mesi prima» ripetevamo spesso e intanto i giorni passavano! Alla fine, per riposare, siamo rientrati a casa maledicendo la gente che va in villeggiatura e non lascia posto a chi ha bisogno di qualche giorno di riposo!

Dimenticavamo che anche noi appartenevamo a questa categoria!

Una quindicina di giorni = poco piú o poco meno di quindici giorni
Una decina, una ventina ecc. = poco piú o poco meno di dieci, venti ecc.
Una dozzina = dodici; **almeno** una settimana = **non meno** di una settimana.

Esercizi integrativi

1. S. Lui **preferisce** un ristorante meno caro
R. Lui **preferirebbe** un ristorante meno caro.

I bambini vogliono la lista delle vivande
Io chiamo subito il cameriere
Mangiate volentieri un antipasto?
Tu non devi mangiare i frutti di mare
Noi consigliamo del prosciutto con melone
Bevete un po' di vino anche voi?
Che cosa ne dici dei cannelloni? O preferisci le lasagne?
Devi aprire il tovagliolo per pulirti
Non devono stare in piedi quando mangiano

171

2. S. Non c'erano gnocchi; li **preferivo**
    R. Non c'erano gnocchi; li **avrei preferiti.**

Non c'era risotto alla milanese; lo preferivo
Non c'erano fettuccine; le preferivo
Non c'erano spaghetti col ragù; li preferivo
Non c'era minestra in brodo; la preferivo
Non c'erano pesci; li preferivo
Non c'erano né triglie né calamari; li preferivo
Non c'erano né orate né spigole; le preferivo
Non c'erano né seppie né polpi; li preferivo
Non c'erano bistecche ai ferri; le preferivo.

3. S. Noi **camminiamo** volentieri; ma non abbiamo tempo
    R. Noi **cammineremmo** volentieri, ma non abbiamo tempo.

I nostri bambini corrono tutto il giorno; ora sono stanchi
Io traduco la lettera; ma è tardi
Ti aspettano qui; hanno fretta di arrivare a casa
Li rivedete ancora? forse non è possibile
Ti diverti sicuramente; quanto tempo hai per farlo?
Lei balla con tutti; chi glielo chiede?
Noi desideriamo prendere qualcosa di diverso; le pietanze sono sempre le stesse
Mi consigliate questo; è troppo caro per me.

4. S. Un tovagliolo pulito **non andrebbe male**
    R. Un tovagliolo pulito **andrebbe bene**.

Vicino all'albergo non andrebbe male
Lontano dal centro non andrebbe male
Una tovaglia pulita non andrebbe male
Qualcosa di nuovo non andrebbe male
Qualcosa di interessante non andrebbe male
Prima di domani non andrebbe male
Dopo una settimana non andrebbe male
Davanti al giardino non andrebbe male
Dietro la porta non andrebbe male.

5. S. **Non c'è** niente da dire
   R. **Non ci sarebbe** niente da dire.

C'è da avere paura di lui
C'è molto da fare a casa
C'è da pulire il pesce per i bambini
C'è da aspettare quasi un'ora
C'è ben poco da vedere in questa città
C'è da cambiare la tovaglia
C'è da fare la spesa
Non c'è tempo da perdere
C'è da scegliere la pietanza.

6. S. Cesare non lavorerebbe **mai**
   R. Angela **invece** lavorerebbe **sempre**.

Marcello non ballerebbe mai/Agnese
Vincenzo non mi aiuterebbe mai/Rita
Tomaso non mangerebbe mai/Emilia
Alberto non si preoccuperebbe mai/Marina
Giorgio non aspetterebbe mai/Claudia
Augusto non insisterebbe mai/Elisa
Alfredo non discuterebbe mai/Lidia
Andrea non ci penserebbe mai/Andreina

7. S. **Vi piacerebbe** un fritto misto?
   R. **Non ci dispiacerebbe**.

Ti piacerebbe del filetto arrosto?
Gli piacerebbe del vitello al forno?
Vi piacerebbero delle braciole di maiale?
Ti piacerebbe una cotoletta alla milanese?
Le piacerebbe un contorno d'insalata verde?
Le piacerebbero delle patate fritte?
Gli piacerebbe del vino bianco?
Vi piacerebbe della frutta fresca?
Piacerebbe loro una bistecca arrosto?

8. S. Cesare va a vedere un film/cinema
   R. Cesare va **al cinema** a vedere un film.

Angela e Marcello sono andati a sentire un concerto/teatro
Agnese e Rita andrebbero volentieri a fare la spesa/mercato
Vincenzo ed Emilia andranno a fare una gita/montagna
Noi andremo a fare una gita/campagna

173

Pagina centosettantaquattro

Voi siete andati a ballare/locale notturno
Alberto e Marina vanno a lavorare/ufficio
Giorgio va a pescare/mare
Augusto va a mangiare/ristorante
Claudia ed Elisa andranno a mangiare/trattoria.

9. S.   Vorremmo andare **in** trattoria/della stazione
   R.   Vorremmo andare **nella** trattoria della stazione.

Volevate andare in campagna/dei vostri amici
Lui vuole aspettare in camera/202
Lei vuole andare in biblioteca/nuova
Tutti vogliamo andare in pizzeria/del centro
Le nostre amiche vorrebbero andare in albergo/solito
I turisti andavano in ufficio/del Consolato
Gli ospiti vorrebbero andare in città/vicina
Il professore entra in aula/nostra.

10. S.   Gli piacerebbe andare **in** Belgio/Bruxelles
    R.   Gli piacerebbe andare **a** Bruxelles.

Le piacerebbe andare in Turchia/Ankara
Ci piacerebbe andare in Svizzera/Zurigo
Ti piacerebbe andare in Argentina?/Buenos Aires?
Vi piacerebbe andare in Canada?/Ottawa?
Le piacerebbe andare in Germania/Berlino e Bonn
Piacerebbe loro andare in Cina e in Giappone/Pechino e Tokio
Mi piacerebbe andare in Olanda e in Danimarca/Amsterdam e Copenaghen
Ci piacerebbe andare in Cecoslovacchia e in Polonia/Praga e Varsavia.

11. S.   Vivono **ancora a** Mogadiscio Rosanna e Renato?/Non ... piú Somalia.
    R.   No, **non** vivono **piú in** Somalia.

Stanno ancora a Nuova Delhi Bruno e Marcella?/Non ... piú/India
Si trova ancora ad Addis Abeba Maurizio?/Non ... piú/Etiopia
Lavorate ancora a Vienna?/Non ... piú/Austria
Si trovano ancora a Tripoli loro due?/Non ... piú/Libia

Vivete ancora al Cairo?/Non ... piú/Egitto
Lavori ancora a Nairobi tu?/Non ... piú/Kenia
Stanno ancora a Belgrado Guido e Chiara?/Non ... piú/Jugoslavia
Lavora ancora a Lima la tua amica Rosa?/Non ... piú/Perú.

12. S. Al nostro posto dove andreste?/... Torino ... Piemonte.
    R. Andremmo **a** Torino **in** Piemonte.

Al loro posto dove andresti?/... Milano ... Lombardia
Al vostro posto dove andrebbero?/... Genova ... Liguria
Al mio posto dove andresti?/... Venezia ... Veneto
Al tuo posto dove andrei?/... Palermo ... Sicilia
Al suo posto dove andrebbe?/... Cagliari ... Sardegna
Al nostro posto dove andrebbero?/... Napoli ... Campania
Al loro posto dove andreste?/... Firenze ... Toscana
Al tuo posto dove andrei?/... Roma ... Lazio.

13. S. Vorrei andare **in** Russia, **a** Mosca/Tu?
    R. **Ci** verresti anche tu?

Vorremmo andare in Iran, a Teheran/Voi?
Vorremmo andare in Nigeria, a Lagos/Loro?
Alessandro ed io vorremmo andare in Bulgaria, a Sofia/Lei?
Vorrei andare in Portogallo, a Lisbona/Voi due?
Vorrei andare in Venezuela, a Caracas/Tu?
Io e Consuelo vorremmo andare in Uruguay, a Montevideo/Voi?
Noi tutti vorremmo andare in Romania, a Bucarest/Tu?
Io vorrei andare in Svezia, a Stoccolma/Lui?

14. S. Giacomo va **al** fiume per pescare/Dove ... Perché?
    R. Dove va? Perché **ci** va?

Lorenzo e Ida vanno al lago per fare una gita in barca/Dove ... perché?
Emma andava al mare per prendere il sole/Dove ... perché?
Rodolfo e Silvana vanno al bar a prendere un caffè/Dove ... perché?
I bambini andavano alla spiaggia per giocare/Dove ... perché?
Ettore andrà allo stadio per vedere una partita di calcio/Dove ... perchè?
Marta e Daniela andranno alla stazione ad aspettare gli amici/Dove ... perché?
Lei era andata alla banca per cambiare del denaro/Dove ... perché?
Lo studente andava all'Università e al Consolato per chiedere informazioni/Dove ... perché?

15. S. Se noi entriamo mentre il pianista suona, lo disturbiamo/Voi
    R. Se voi entrate mentre il pianista suona, lo disturbate.

Se il pubblico entra mentre il pianista suona, lo disturba/le persone
Se tu entri mentre il pianista suona, lo disturbi/Io
Se loro entrano mentre il pianista suona, lo disturbano/Lei
Se voi parlate mentre lei telefona, le date fastidio/Tu
Se lei parla mentre lui telefona, gli dà fastidio/Noi
Se io parlo mentre lui telefona, gli do fastidio/Loro
Se la gente parla mentre lui telefona, gli dà fastidio/Lei
Se esse parlano mentre lei telefona, le danno fastidio/Uno

16. S. Il macellaio taglia la carne per la signora/Cinque fette
    R. **Ne** taglia cinque fette.

Il salumiere taglia (affetta) il prosciutto al cliente/Poche fette
Il salumiere affetta il salame al cliente/Molte fette
Il salumiere affetta la mortadella e la pancetta al cliente/Molte fette
La mamma taglia il pane per i bambini/Poche fette.
La mamma taglia il formaggio per i bambini/Due o tre pezzi
La mamma taglia la torta per tutti/Molte fette
La mamma taglia la torta per me/Un pezzo (= una fetta)
Il cameriere taglia il melone per noi/Quattro fette
La mamma taglia il formaggio per i bambini/Due o tre fette.

Lezione dodicęsima

Ai Grandi Magazzini

(Franca e Gina s'incǫntrano all'ingresso dei grandi magazzini)

Franca:	Guarda **chi** si vede! Gina, **che** fai qui? Vieni anche tu per acquisti o per guardare le vetrine?
Gina:	Non ho **nessuna** curiosità per i nuovi arrivi, ma ho una lunga nota di cose da comprare.
Franca:	Anch'io devo fare **qualche** acquisto.
Gina:	Io salgo con la scala mǫbile al terzo piano dove c'è il reparto dell'abbigliamento: devo comprare una vestaglia **di seta**, un pigiama e alcune paia di calzini **di lana** per mio marito; canottiere e mutandine per i ragazzi. Per me delle calze **di nailon**, una cintura **di pelle**, una sottoveste e, se li trovo, un vestitino **di cotone** e un reggiseno.
Franca:	Io oggi non devo comprare nulla in questo reparto, perché ho preso tutto **ciò che** mi serviva l'altro giorno, ma ti accompagno. Devo prẹndere qualche cosa nel reparto degli artịcoli per la casa: una dozzina di bicchieri e dei piattini **di plạstica** per le gite in campagna; un pạio di barạttoli **di vetro** per la marmellata e dei tovaglioli **di carta**.
Gina:	**Ogni** volta che vengo qui spendo **parẹcchio**, ma questa volta dovrò spẹndere molto di piú, perché i prezzi sono aumentati e **certi** artịcoli cọstano il **dǫppio** o il **triplo** di un anno fa. Per esẹmpio, per comprare **le stesse cose** prima si spendeva **la metà**.
Franca:	Tu spendi **troppo,** ma compri vestaglie **di seta** e roba **di pelle**! Io mi lịmito a comprare bicchịeri **di plạstica**!

177

i prezzi aumentano ⟷ i prezzi diminuiscono
i prezzi salgono ⟷ i prezzi scendono

Rispondere alle domande:

1) Dove s'incontrano Franca e Gina?
2) Che cosa deve comprare Gina per suo marito?
3) Che cosa deve comprare per i ragazzi e per sé?
4) Come sale al reparto dell'abbigliamento?
5) In quale reparto deve andare Franca?
6) Che cosa deve comprare?
7) Spende poco o parecchio Gina?
8) Sono aumentati i prezzi?
9) Quanto spendeva Gina per comprare le stesse cose un anno fa?
10) Quanto spende invece ora?

il prezzo è stabile = non aumenta e non diminuisce

Aggettivi e Pronomi

a) **dimostrativi**

Questi calzini sono di lana, **quelli** di cotone.
Quel reparto è per i bambini, **questo** è per donna.
Codesto pigiama vicino a te costa settemila lire; anche **quello** costa settemila.

I due pigiami hanno **lo stesso** (il medesimo) prezzo: il colore è diverso, ma la stoffa è la **stessa**.
Sconto del 20% (= venti per cento) su tutti gli articoli. **Tale** sconto è valido fino alla fine del mese.
Codesta tua sottoveste che hai comprato oggi è **tale** quale la mia, **ciò** mi dispiace assai. Che significa **ciò**?

Costui mi è molto antipatico. **Costei** non saluta nessuno, è superba.
Costoro non saranno mai nostri amici.

(**codesto, codesta, codesti, codeste** (poco usato) indica persone, animali, cose che stanno **vicine a chi ascolta** e **lontane da chi parla**).

178

Esercizio

Completare con aggettivi o pronomi **dimostrativi** «questo», «codesto», «quello», «stesso», «medẹsimo», «tale».
    Es.: Siamo arrivati tutti alle cinque, allo ..... posto (allo **stesso** posto).

1) La legge è uguale per tutti: giụdica tutti allo ..... modo. 2) Quest'albergo è vicino, ... è lontano. 3) Se voi comprate quello, io compro ..... 4) Questo o ..... per me è uguale. 5) Le nostre cravatte sono uguali, hanno il ..... disegno e il ..... colore. 6) Mi ha risposto male, non mi aspettavo da lui .... risposta. 7) Non sento bene; ..... tuo telẹfono funziona male, non il mio.

b) indefiniti

Uno parla, **l'altro** scrive (**gli uni** pạrlano, **gli altri** scrịvono)
Ciascuno di noi ama cose diverse.
Qualcuno ha suonato il campanello. Ho aperto la porta, ma non ho visto **nessuno**.
Non c'è **alcun** motivo per aspettare ancora; anzi abbiamo aspettato **troppo**.
Ci sono **troppi** errori nel tuo esercịzio: **taluni** sono anche gravi, **altri** sono leggeri.
Avete speso **poco** e guadagnato **molto**; noi non guadagniamo mai **tanto**.
In estate **molti** turisti vanno all'ẹstero: **parecchi** vanno al mare, **pochi** in montagna.
Sono **alquanto** preoccupato: da **parẹcchio** tempo non ricevo notịzie di mio fịglio.
Ognuno è lịbero di parlare: **tutti** pọssono dire quello che vọgliono. Io posso fare **altrettanto**.
C'è chi parla **poco** e chi non dice **niente.Certuni** pạrlano **molto**, ma **nessuno** li ascolta.
Chi li ascolta non capisce **nulla** di quello che dịcono. **Chiunque** può dire **ciò** che pensa.

Esercịzio

Completare con aggettivi o pronomi **indefiniti**: «alcuni», «altri», «tutti», «ciascuno», «nessuno», «parẹcchio», «poco».
    Es.: Sul tạvolo ci sono quattro bicchieri, uno per ...... di noi. (uno per **ciascuno** di noi).

1) Mentre il professore parlava, nessuno lo ascoltava: ..... chiacchierạvano, ... ridẹvano. 2) La legge è uguale per .....: giụdica ..... allo stesso modo. 3) Aspettavamo tre amici, ma non è venuto ..... 4) Ẹrano un po' preoccupati perché non avẹvano

179

notizie della figlia da ..... tempo. 5) Tu studi molto, ma impari ..... 6) Codeste tre paia di mutandine che tu hai comprato non sono uguali: ..... paio ha un colore diverso.

c) **interrogativi**

Chi viene con noi al cinema? **Chi** rimane a casa?
Che fai qui? **Che cosa** dice quel signore?
Quale giornale stai cercando? **Quale** stoffa hai comprato?
Quanto paghi di affitto al mese? **Quanto** denaro hai ancora?
Quanta stoffa ci vuole (= è necessaria) per codesto vestito?
Quante volte sei stato all'estero?
Quanti giorni ha un mese?

d) **relativi** [a + b = c col relativo]

Che = il quale, la quale, i quali, le quali

1. a) Gina cerca il reparto   b) Il reparto è al terzo
   dell'abbigliamento.   piano.
   c) Gina cerca il reparto dell'abbigliamento **che** è al terzo piano.

2. a) Avete comprato delle calze   b) Le calze costano molto
   c) Avete comprato delle calze **che** costano molto.

3. a) Vado ai grandi magazzini   b) I grandi magazzini sono vicini
        all'albergo.
   c) Vado ai grandi magazzini **che** sono vicini all'albergo.

4. a) Le sigarette sono sul tavolo   b) Tu stai cercando le sigarette
   c) Le sigarette **che** tu stai cercando sono sul tavolo.

5. a) Gli amici arriveranno nel pomeriggio   b) Noi aspettiamo gli amici
   c) Gli amici **che** noi aspettiamo arriveranno nel pomeriggio.

6. a) Le chiavi sono della macchina nuova   b) Ci hanno dato le chiavi
   c) Le chiavi **che** ci hanno dato sono della macchina nuova.

Di cui = del quale, della quale, dei quali, delle quali

7. a) Il dentista è molto bravo   b) Ti parlavo del dentista
   c) Il dentista **del quale** (= di cui) ti parlavo è molto bravo.

8. a) Le medicine sono piuttosto care   b) Noi abbiamo bisogno delle medicine
   c) Le medicine **delle quali** (= di cui) noi abbiamo bisogno sono
      piuttosto care.

9. a) La signorina è straniera   b) Tu vuoi notizie della signorina
   c) La signorina **di cui** (= della quale) tu vuoi notizie è straniera.

A cui = al quale, alla quale, ai quali, alle quali

1. a) Lo studente è mio amico   b) Ho telefonato allo studente
   c) Lo studente **a cui** (= al quale) ho telefonato è mio amico.

2. a) La studentessa è mia amica   b) Ho telefonato alla studentessa
   c) La studentessa **a cui** (= alla quale) ho telefonato è mia amica.

3. a) Gli studenti sono miei amici   b) Ho telefonato agli studenti
   c) Gli studenti **a cui** (= ai quali) ho telefonato sono miei amici.

4. a) Le studentesse sono mie amiche b) Ho telefonato alle studentesse
   c) Le studentesse **a cui** (= alle quali) ho telefonato sono mie amiche.

Con cui, per cui, su cui, in cui, da cui, fra (tra) cui= col quale ... per il quale ... sul quale ..., nel quale ... dal quale ... fra i quali...

1. a) L'aereo è italiano   b) Abbiamo viaggiato con l'aereo
   c) L'aereo **col quale** (= con cui) abbiamo viaggiato è italiano.

2. a) Il bambino sta un po' meglio   b) Il medico viene per il bambino
   c) Il bambino **per cui** (= per il quale) viene il medico sta un po' meglio.

3. a) La poltrona non è comoda   b) Sei seduto sulla poltrona
   c) La poltrona **su cui** (= sulla quale) sei seduto non è comoda

4. a) La stanza era troppo piccola   b) Studiavate nella stanza
   c) La stanza **in cui** (= nella quale) studiavate era troppo piccola.

5. a) Il pediatra è molto bravo   b) Porto il bambino dal pediatra
   c) Il pediatra **dal quale** (= da cui) porto il bambino è molto bravo.

6. a) Queste persone sono gentili   b) Mi trovo tra queste persone
   c) Queste persone **tra cui** (= tra le quali) mi trovo sono gentili.

Chi

Chi =   Colui che, coloro che, quello che, la gente che,
quelli che, la persona che,
colei che, le persone che, quella che, quelle che

181

Chi + verbo alla 3ª persona singolare

Chi	compra il biglietto può entrare
colui che	compra il biglietto può entrare
colei che	compra il biglietto può entrare
la persona che	compra il biglietto può entrare
quello che	compra il biglietto può entrare
quella che	compra il biglietto può entrare

coloro che	comprano il biglietto possono entrare
le persone che	comprano il biglietto possono entrare
quelli che	comprano il biglietto possono entrare
quelle che	comprano il biglietto possono entrare
quella che	

Il cui..., i cui..., la cui..., le cui...

L'auto, **il cui** motore è acceso, è mia
L'auto, il motore **della quale** è acceso, è mia

Le persone, **il cui** passaporto avete trovato per terra, sono tedesche
Le persone, il passaporto **delle quali** avete trovato per terra, sono tedesche

Il marito, **la cui** moglie lavora fuori casa, deve preparare lui stesso il pranzo
Il marito, la moglie **del quale** lavora fuori casa, deve preparare lui stesso il pranzo.

acceso ⟷ spento

acceso (participio passato del verbo **accendere**)

spento (participio passato del verbo **spegnere**)

Il Passato Remoto

Una gita turistica

Avevamo l'appuntamento alle cinque della mattina nella piazza della stazione e tutti **fummo** puntuali. **Partimmo** con il primo treno e due ore dopo **arrivammo** in una piccola stazione di un paese che distava pochi chilometri dalla vecchia città che dovevamo visitare.

Continuammo il viaggio in autobus e **potemmo** così ammirare un paesaggio stupendo fino a che **vedemmo** a distanza i primi resti della città antica.

La prima impressione **fu** deludente, perché **credemmo** di trovarci in mezzo a tante pietre in un paese distrutto dal terremoto, ma quando la guida **cominciò** ad illustrare quelle rovine ci **fece** rivivere la vita della gente che nei secoli lontani **abitò** quelle case, **visse** tra quelle mura, si **riuní** in quelle piazze.

Avemmo la strana sensazione di vivere in un altro mondo. Quando **riprendemmo** la via del ritorno **sentimmo** che tra quelle pietre ed in quel silenzio c'era ancora qualche cosa che parlava a distanza di secoli.

Il nostro **appuntamento** è alle cinque = **ci vedremo alle cinque**
Il nostro **appuntamento** è nella piazza = **ci vedremo nella piazza**
distare da = **essere lontano** da..., **essere distante** da...

OGGI presente	IERI passato prossimo	L'ANNO SCORSO passato remoto	
siamo puntuali	**siamo stati** puntuali	**fummo** puntuali	(essere)
due ore dopo **arriviamo**	due ore dopo **siamo arrivati**	due ore dopo **arrivammo**	(arrivare)

183

possiamo ammirare	**abbiamo potuto** ammirare	**potemmo** ammirare	(potere)
crediamo di trovarci	**abbiamo creduto** di trovarci	**credemmo** di trovarci	(credere)
abbiamo la sensazione	**abbiamo avuto** la sensazione	**avemmo** la sensazione	(avere)

essere puntuali = arrivare (o partire) all'ora giusta, all'ora che abbiamo detto
tutti fummo puntuali = tutti arrivammo (o partimmo) all'ora giusta.

Il **passato prossimo** indica un'azione passata vicina nel tempo;
Il **passato remoto** indica un'azione passata già conclusa e lontana nel tempo.

Passato remoto

	Essere		**Avere**	
Quando	io fui tu fosti egli fu noi fummo voi foste essi furono	a Roma	ebbi avesti ebbe avemmo aveste ebbero	una bella sorpresa

---

Un chilometro = mille metri (il metro) km 1 = m 1.000
Un metro   = cento centimetri (il centimetro) m 1 = cm 100
Un metro   = mille millimetri (il millimetro) m 1 = mm 1.000

Il metro serve per **misurare**

un metro

I		II		III	
Arriv-**are**		Cred-**ere**		Part-**ire**	
Io arriv-**ai**		cred-**ei** (credetti)		part-**ii**	
Tu arriv-**asti**		cred-**esti**		part-**isti**	
Egli arriv-**ò**	alle	cred-**é** (credette)	di essere in	part-**ì**	lo stesso
Noi arriv-**ammo**	cinque	cred-**emmo**	ritardo, ma	part-**immo**	(ugualmente)
Voi arriv-**aste**		cred-**este**		part-**iste**	
Essi arriv-**arono**		cred-**erono** (credettero)		part-**irono**	

stupendo = bellissimo, che fa stupire

a distanza = da lontano

deludente = meno bello di come pensavamo

i resti di una città = ciò che resta o rimane di una città.

Rispondere alle domande:

1) A che ora arrivarono i gitanti all'appuntamento?
2) Come partirono?
3) Fecero tutto il viaggio in treno?
4) Che cosa poterono ammirare viaggiando in autobus?
5) Come fu la prima impressione?
6) Dove credettero di trovarsi appena arrivati?
7) Che cosa fece la guida?
8) Quale sensazione ebbero tutti dopo avere ascoltato la guida?
9) Che cosa sentirono quando ripresero la via del ritorno?
10) Fu interessante la gita turistica?

la guida turistica = la persona (uomo o donna) che accompagna i turisti a visitare un museo o una città, dando alcune notizie.

le mura = i grandi muri che chiudono una città

il terremoto = un forte movimento della terra che, spesso, distrugge case e città.

Esercizio

Sostituire il passato remoto all'infinito tra parentesi:

(Esempio: Mio cugino (arrivare) il lunedí ed io (partire) il mercoledí; Mio cugino **arrivò** il lunedí ed io **partii** il mercoledí).

1) Quando noi (ricevere) il telegramma, (partire) subito. 2) Tu (spedire) la lettera in ri-

185

tardo e noi la (ricevere) dopo cinque giorni. 3) I ragazzi (lasciare) i libri nel cassetto, la mamma li (cercare) in tutta la casa ma non li (trovare). 4) Voi (uscire) senza dir nulla e (andare) dal medico che vi (ricevere) all'ambulatorio. 5) L'anno scorso noi (vendere) la macchina vecchia e (comprare) l'ultimo modello della Fiat. 6) Il professore (ripetere) piú volte la spiegazione, ma alcuni allievi non (capire) l'argomento della nuova lezione. 7) Due anni fa io (trovare) nella strada un portafogli e lo (consegnare) alla polizia. 8) Noi (avere) la tua comunicazione quando (essere) sul punto di partire e quindi non (potere) comprare ciò che desideravi. 9) Voi (cambiare) casa quando noi (arrivare) in questa città, quindi non (avere) la possibilità di vedere il vecchio appartamento. 10) I ragazzi (sentire) molto freddo in montagna perché non (portare) le maglie di lana.

Arrivai a Roma la mattina, **feci** un giro rapido nel centro della città, poi **entrai** in un negozio e **comprai** tutto ciò di cui avevo bisogno.
Diedi il mio indirizzo e **stetti** ad aspettare in albergo il fattorino del negozio. Quando **arrivò** nel pomeriggio, **ebbi** appena il tempo di mettere tutta la roba nelle valigie e **partii** con l'ultimo aereo della giornata.

il fattorino del
negozio

Tutta la roba = tutte le cose, tutti gli oggetti (vestiti, biancheria, scarpe).

Feci (fare), **diedi** (dare), **stetti** (stare)

I verbi in -ARE   **fare**, **dare** e **stare** non seguono al passato remoto il modello di «arrivare»:

Fare		Dare		Stare
Io feci		diedi (detti)		stetti
Tu facesti		desti		stesti
Egli fece		diede (dette)		stette
	un giro		l'indirizzo	ad aspettare
Noi facemmo		demmo		stemmo
Voi faceste		deste		steste
Essi fecero		diedero (dettero)		stettero

Completare le risposte:

1) Che cosa deste al fattorino, quando vi portò tutti i pacchi?
   Quando . . . . cinquecento lire.

2) Con chi faceste quel lungo viaggio l'anno scorso?
   Lo . . . . con l'avvocato Rossi.

3) Dove stesti tutto quel tempo a Londra?
   . . . . presso una pensione per studenti.

4) Facesti tu quella proposta agli amici?
   No, la . . . . . . mio cugino.

5) Quando noi demmo il nostro indirizzo e voi deste il numero del vostro telefono, perché il vostro amico non diede il suo indirizzo?
   Il nostro amico non lo . . . . perché non aveva un recapito fisso.

6) Io feci il mio dovere, perché i vostri zii non fecero il loro? Perché non stettero con noi come steste voi e come stette tuo padre?
   Noi . . . . . . con voi, perché avevamo del tempo libero; i nostri zii avevano molto da fare.

Molti verbi in -ERE non seguono al passato remoto il modello di «credere» nella prima e terza persona singolare e nella terza persona plurale:

Credere	Leggere	Scrivere
Io credei (credetti)	**lessi**	scrissi
Tu credesti	leggesti	scrivesti
Egli credé (credette)	**lesse** il telegramma	**scrisse** la lettera
Noi credemmo	leggemmo	scrivemmo
Voi credeste	leggeste	scriveste
Essi crederono (credettero)	**lessero**	**scrissero**

Io lessi — scrissi
Egli lesse — scrisse
Essi lessero — scrissero

Sostituire il passato remoto all'infinito tra parentesi:

1) Io (leggere) tutto ciò che in quel periodo (scrivere) questo famoso scrittore.

2) Il ministro (leggere) le dichiarazioni ufficiali ed i giornalisti (scrivere) gli appunti per gli articoli dei giornali.

3) Io ti (scrivere) due lettere, ma non (avere) risposta.

187

Passato remoto di alcuni verbi

Prendere	Chiudere	Rispondere	Scendere	Chiedere
Io presi	chiusi	risposi	scesi	chiesi
Tu prendesti	chiudesti	rispondesti	scendesti	chiedesti
Egli prese	chiuse	rispose	scese	chiese
Noi prendemmo	chiudemmo	rispondemmo	scendemmo	chiedemmo
Voi prendeste	chiudeste	rispondeste	scendeste	chiedeste
Essi presero	chiusero	risposero	scesero	chiesero

Volere	Tenere	Conoscere	Cadere	Sapere
Io volli	tenni	conobbi	caddi	seppi
Tu volesti	tenesti	conoscesti	cadesti	sapesti
Egli volle	tenne	conobbe	cadde	seppe
Noi volemmo	tenemmo	conoscemmo	cademmo	sapemmo
Voi voleste	teneste	conosceste	cadeste	sapeste
Essi vollero	tennero	conobbero	caddero	seppero

Sostituire il passato remoto all'infinito tra parentesi:

1) Il ragazzo (prendere) il panino, (uscire), non (chiudere) la porta, (scendere) di corsa le scale, (cadere) all'ultimo gradino e (farsi) male ad un ginocchio.

2) Tu (conoscere) in occasione del tuo viaggio in Italia questo scrittore? Io lo (conoscere) molti anni fa.

3) Essi (chiedere) tue notizie quando (sapere) che stavi male, ma nessuno (rispondere).

4) Chi (prendere) quella decisione? Io non (volere) partecipare alla riunione, perché non lo (sapere) in tempo.

5) La mamma non (volere) tenere il bambino in casa; lo (tenere) tutto il pomeriggio la vicina di casa.

6) Tu (sapere) tutto in tempo utile, io non (sapere) nulla fino all'ultimo momento, perciò (chiedere) spiegazioni a tuo fratello.

7) Noi (chiamare) dalla strada, ma nessuno (rispondere).

8) Quando il professore (arrivare), (fare) subito delle domande e gli allievi (rispondere) bene.

9) Io non (volere) prendere il tassí, (prendere) l'autobus e (arrivare) tardi all'appuntamento.

10) Il giovane (bussare) alla porta, (chiedere) permesso, (entrare) e (sapere) dal direttore che poteva partire per un periodo di riposo.

	Dire	**Venire**	**Vivere**	**Nascere**	**Piacere**
Io	**dissi**	**venni**	**vissi**	**nacqui**	**piacqui**
Tu	dicesti	venisti	vivesti	nascesti	piacesti
Egli	**disse**	**venne**	**visse**	**nacque**	**piacque**
Noi	dicemmo	venimmo	vivemmo	nascemmo	piacemmo
Voi	diceste	veniste	viveste	nasceste	piaceste
Essi	**dissero**	**vennero**	**vissero**	**nacquero**	**piacquero**

Volgere al plurale le seguenti frasi:

1) Egli **disse** la verità, ma tu non **volesti** crederlo.
2) Io **vissi** tre anni in America, mio fratello in quel periodo **visse** in Francia.
3) Mio cugino **nacque** prima della seconda guerra mondiale.
4) La tua ultima poesia non **piacque** ai critici.
5) Quando lo zio arrivò **disse** che sarebbe rimasto con noi due settimane.
6) Tu **venisti** in orario, ma tuo fratello **venne** quando io ero già fuori.
7) In questa città **nacque** e **visse** un artista famoso. **Morí** all'estero.
8) Il conferenziere **arrivò**; **tenne** la conferenza e **partì** subito dopo.

Mondiale = che c'è nel mondo, che è del mondo
La terra è il nostro mondo
Dante, Petrarca, Ariosto, Cervantes, Shakespeare, Hugo, Goethe, Omero, Virgilio furono **poeti** e scrissero **poesie**. Il **poeta** scrive **poesie**.

Il bambino **salí** sulla sedia, **prese** il vaso che era sul tavolo, lo **tenne** un poco con le mani tremanti e poi lo **lasciò** cadere a terra. Il vaso si **ruppe** e si **ridusse** in tanti piccoli pezzi.
Quando il bambino **vide** il vaso rotto, **pianse** e si **nascose** in attesa della mamma.

le mani **tremanti** = **che tremavano**, che si muovevano, senza poter stare fer- me.
in attesa della mamma = attendendo, aspettando la mamma.

salire	passato remoto	: io salii, tu salisti, egli salí ecc.
prendere	» »	: io presi, tu prendesti, egli prese, ecc.
rompere	» »	: io ruppi, tu rompesti, egli ruppe ecc.
ridurre	» »	: io ridussi, tu riducesti, egli ridusse ecc.
vedere	» »	: io vidi, tu vedesti, egli vide, ecc.
piangere	» »	: io piansi, tu piangesti, egli pianse, ecc.
nascondere	» »	: io nascosi, tu nascondesti, egli nascose, ecc.
accendere	» »	: io accesi, tu accendesti, egli accese. ecc.
spegnere	» »	: io spensi, tu spegnesti, egli spense, ecc.
spendere	» »	: io spesi, tu spendesti, egli spese, ecc.

un vaso con una pianta

un vaso con dei garofani

Tradurre	come «tradurre» anche **addurre - condurre**
Io tradussi	
Tu traducesti	**dedurre - produrre**
Egli tradusse	
Noi traducemmo	**ridurre - sedurre**
Voi traduceste	
Essi tradussero	

Trapassato remoto (poco usato)

— Gli prestai il libro, dopo che l'**ebbe letto**, me lo restituí subito.
— Appena **furono partiti**, arrivò il telegramma con la comunicazione che potevano restare ancora con noi.

Trapassato remoto = passato remoto di **essere** e **avere** + participio passato.

un paesaggio di montagna

un paesaggio di lago

un paesaggio di pianura

un paesaggio di mare

191

Curriculum scolastico

Frequentai le scuole elementari in un paesetto di provincia, poi mi trasferii in città per continuare gli studi nella scuola media e nel liceo. A diciotto anni sostenni gli esami di maturità e cosí potei iscrivermi all'Università. La scelta della facoltà fece discutere molto in famiglia; qualcuno suggeriva la facoltà di medicina, qualche altro quella di ingegneria, ma alla fine, incerto tra lettere e giurisprudenza, scelsi la facoltà di giurisprudenza per fare l'avvocato.

Dopo quattro anni di studio del diritto conseguii la laurea con una ottima votazione, ma invece di dedicarmi alla professione libera partecipai ad un concorso ed entrai nell'amministrazione dello stato.

Dopo tanti anni mi accorgo che avrei fatto meglio a scegliere un'altra carriera, per esempio quella di professore di filosofia. Il lavoro di ufficio non mi permette di leggere molti libri e di approfondire i problemi filosofici che stanno alla base della nostra vita.

Lo ripeto spesso a mio figlio, ma la sua risposta è sempre la stessa: «A che serve la filosofia? Meglio fare l'idraulico o il commerciante».

Esercizi integrativi

1. S.   La sedia e il tavolo sono **di legno**
   R.   Di che cosa sono la sedia e il tavolo?

La cintura e il portafogli sono di pelle
La borsa e la borsetta sono di pelle
La gonna è di lana, la camicetta di cotone
I calzoni e la giacca sono di lana
Il vestito e la maglia sono di lana
Il pigiama e i calzini di Aldo sono di cotone
Le calze e il reggiseno di Anna sono di nailon
La sottoveste di Anna è di nailon
La valigia è di pelle.

2. S.   Di che cosa sono il bicchiere e la bottiglia?/vetro
   R.   Il bicchiere e la bottiglia sono **di vetro**

Di che cos'è il barattolo della marmellata?/vetro
Di che cosa sono il foglio e la busta della lettera?/carta
Di che cos'è la cravatta?/seta
Di che cosa sono i piatti e i bicchieri per la gita?/plastica
Di che cosa sono i cucchiaini del caffè?/argento
Di che cosa sono le forchettine e i coltellini per la torta?/argento
Di che cos'è l'orologio di Aldo?/oro
Di che cosa sono il coltello, la forchetta e il cucchiaio?/acciaio
Di che cos'è il pavimento?/di marmo.

3. S. Di che cos'è la tazza per il tè?/porcellana
    R. La tazza per il tè è **di porcellana.**

Di che cos'è la tazzina del caffè/porcellana
Di che cos'è il pavimento?/ceramica
Di che cosa sono i vasi per i fiori?/ceramica o cristallo
Di che cos'è la scatola delle scarpe?/cartone
Di che cos'è la scatola dei pomodori?/latta
Di che cos'è il monumento/marmo o pietra
Di che cosa sono le case?/pietra e cemento
Di che cosa sono le costruzioni moderne?/cemento e ferro.

4. S. Se ha fretta, deve prendere la scala mobile/Non...
    R. Se **non** ha fretta, **non** deve prendere la scala mobile.

Se avete fame, dovete mangiare **qualcosa**/Non ... **nulla**
Se hanno sete, devono bere **qualcosa**/Non .. **nulla**
Se avevano sonno, dovevano dormire/Non ...
Se hai freddo, devi metterti la giacca/Non ...
Se abbiamo caldo, dobbiamo togliere il cappotto/Non ...
Se aveva paura, doveva correre e tornare a casa/Non ...
Se avevi tempo, dovevi andare all'appuntamento/Non ...
Se avete pazienza, dovete aspettare nella piazza/Non ...
Se hai denaro, devi chiedere il prezzo/Non ...

5. S. Gli aerei arrivano **in ritardo**/puntuale.
    R. Non tutti; **qualcuno** arriva **puntuale.**

I treni arrivano in ritardo/puntuale
Le navi arrivano in ritardo/puntuale
Le fidanzate arrivano in ritardo all'appuntamento/puntuale
Gli autobus arrivano in ritardo/puntuale
Gli studenti arrivano puntuali alla lezione/in ritardo
I professori arrivano puntuali a scuola/in ritardo
I medici arrivano puntuali all'ambulatorio/in ritardo
Gli infermieri arrivano puntuali all'ospedale/in ritardo
Gli impiegati arrivano puntuali in ufficio/in ritardo.

6. S. Prima costava mille lire, oggi **costa di più**/aumentano
    R. I prezzi aumentano.

Prima costava la metà, oggi costa il doppio/salire
Prima costavano due mila lire, oggi costano di meno/diminuire
Prima costava il doppio, oggi costa la metà/scendere

D'estate la camera d'albergo costava parecchio, oggi costa di meno/scendere
D'autunno quest'articolo costava poco, ora costa parecchio/salire
L'anno scorso l'oro e l'argento costavano di più, ora costano meno/diminuire
La settimana scorsa il biglietto costava meno, ora costa di piú/aumentare
Il mese scorso lo stesso viaggio costava di piú, ora costa di meno/scendere.

7. S. Ce n'erano dieci, ne ha comprato cinque/la metà (o il doppio)
    R. Ne ha comprato **la metà**.

Ce ne sono venti, ne vuole quaranta
Ce n'erano quattro fette, ne ha mangiate due
Abbiamo sei canottiere, ne chiede dodici
Abbiamo tre maglie di lana, ne vuole sei
La vecchia casa distava due chilometri dalla stazione, la nuova ne dista un chilometro
I grandi magazzini distano cento metri da casa, la farmacia ne dista duecento.
La mia stoffa misura un metro, codesta tua ne misura due
Tu hai scritto quattro pagine, io ne ho scritte due.

8. S. **Ogni acquisto** lo facevo ai grandi magazzini
    R. **Tutti gli acquisti** li facevo ai grandi magazzini.

Ogni reparto ha una cassa
Ogni casa ha un campanello
Ogni ufficio ha un telefono
Ogni giorno dobbiamo mangiare qualcosa
Ogni genitore ama i propri figli
Ogni figlio ama i propri genitori
Su ogni articolo c'era uno sconto del 10%.
Ad ogni appuntamento arrivava puntualissima
In ogni stanza ci saranno una porta e una finestra.

9. S. **Tutti i paesi** hanno una loro bandiera
    R. **Ogni paese** ha una sua bandiera.

Tutti i negozi hanno i loro clienti
Tutti i modelli hanno un loro prezzo
Tutti i giornalisti hanno il loro giornale
Tutte le settimane ci danno un giorno di riposo
Tutti gli anni ci danno un mese di vacanza
Tutte le stagioni sono belle
A tutte le fermate scendeva qualcuno dall'autobus
In tutte le pagine c'erano parole nuove
In tutti i ristoranti c'è una lista delle vivande.

10. S. Essi vollero fare **alcune telefonate**/qualche telefonata
     R. Essi vollero fare **qualche telefonata**.

Io volli fare alcuni acquisti
Tu volesti comprare alcune paia di calze
Lei fece alcuni viaggi all'estero
Voi faceste alcune visite ai vostri amici.
Noi facemmo alcuni giorni di vacanza al mare
Essi fecero alcuni chilometri a piedi
Lui stette ad aspettare alcune ore
Tu stesti ad ascoltare alcuni dischi
Io stetti a guardare alcuni nuovi arrivi.

11. S. Gli **do** qualche lettera da scrivere
     R. Gli **detti** (diedi) qualche lettera da scrivere.

Ci diamo l'appuntamento davanti al cinema
Vi danno antipasto, primo, secondo con contorno
Le date qualche informazione
La guida dà loro qualche notizia sulla città
Vi leggo la dichiarazione ufficiale del Ministero
Mi leggi gli appunti al telefono
Nessuno legge l'articolo di quel giornalista
Tutti leggono le ultime notizie sul terremoto
Lo legge senza occhiali.

12. S. Le **scrivo** il mio indirizzo col numero di telefono
     R. Le **scrissi** il mio indirizzo col numero di telefono.

Codesto scrittore non scrive nulla di interessante
Lo scrivono anche sui muri, non solo sui giornali
Mi scrivete spesso anche dall'Europa
Perché tieni il motore della macchina acceso?
Il conferenziere tiene una conferenza all'Università
Tengo il bicchiere nella mano destra
Tenete i bambini a casa
Tengo il cane tutto il giorno in giardino
Non teniamo i garofani in camera.

13. S. **Accende** una sigaretta dopo l'altra
     R. **Accese** una sigaretta dopo l'altra.

Accendo tanti fiammiferi, ma tutti si spengono
Accendono il motore della macchina e partono

195

Accendete la pipa, ma non fumate; perché?
Spegne la sigaretta ed esce senza dir niente
Spengono il motore ed escono dalla macchina
Spengo la pipa e sto ad aspettare
Spegni il fiammifero senza accendere la sigaretta
Il motore si spegne da solo.

14. S. Voi **prendete** l'autobus alla prima fermata
     R. Voi **prendeste** l'autobus alla prima fermata.

Salgono alla prima e scendono all'ultima fermata
Non prendiamo il treno della notte, ma quello del mattino
Tu sali con la scala mobile ma scendi a piedi
Lui prende le valigie dalla sua camera
Sale fino al terzo piano, ma poi scende al pianterreno
Tu non prendi nulla per te
Saliamo un momento in camera, ma scendiamo subito
Prendo l'appuntamento col medico per una visita.

15. S. Dante **nasce** nel 1265 e **muore** nel 1321
     R. Dante **naque** nel 1265 e **morì** nel 1321.

Petrarca nasce nel 1304 e muore nel 1374
Ariosto nasce nel 1474 e muore nel 1533
Cervantes nasce nel 1547 e muore nel 1616
Shakespeare nasce nel 1564 e muore nel 1616
Hugo nasce nel 1802 e muore nel 1885
Goethe nasce nel 1749 e muore nel 1832
Omero nasce nel nono secolo e muore nell'ottavo prima di Cristo
Virgilio nasce nel 70 e muore nel 19 prima di Cristo.

16. S. Il paesaggio era stupendo. Essi videro il paesaggio
     R. Il paesaggio **che** essi videro era stupendo.

Il lago le piacque molto. Vide il lago
Non rispose alla raccomandata. Gli scrissi una raccomandata
Le persone furono puntuali. Le persone vennero alla gita
Il vaso non era né prezioso né bello. Il bambino ruppe il vaso
I grandi magazzini ridussero i prezzi. Io avevo comprato nei grandi magazzini
Tradusse un libro. Nessuno lesse il libro
Dissero delle cose. Le cose non piacquero a certuni
Tutti videro il portafogli. Egli nascose il portafogli.

Lezione tredicẹsima

Dal meccạnico

Cliente: Per favore, vuole vedere questo motore?

Meccạnico: C'è qualcosa che non va?

Cliente: Credo che molte cose non **vạdano** bene; ho l'impressione che il
               motore **ạbbia** poca forza, specialmente in salita. Suppongo che
               ciò **dipenda** dal carburatore o dalla frizione.

Meccạnico: Vedremo.

Cliente: Quando sụpero la velocità di ottanta km all'ora, sento uno strano
               rumore e non so che cosa **possa** ẹssere ... Insomma dopo settanta-
               mila km è opportuno un controllo generale. Fra tre giorni è asso-
               lutamente necessạrio che io **parta** con la famịglia per un lungo
               viạggio e vọglio che la mạcchina **sia** in ọrdine, che non **dia** nọie
               lungo la strada.

Meccạnico: Allora bisogna che io **veda** un po' tutto, che **pulisca** il carburato-
               re, che **cambi** le candele, che **fạccia** il controllo dei freni e **dia** an-
               che un'occhiata all'impianto elẹttrico.

Cliente: Bisogna controllare anche la batterịa e l'ọlio del motore.

Meccạnico: Dalla nostra officina non esce mai una mạcchina che non **sia** in
               perfette condizioni.
               Questa mạcchina avrebbe bisogno anche di qualche ritocco alla
               vernice della carrozzerịa.

Cliente: Per il momento pensiamo al motore, anche perché ho fretta e non
               è possịbile che la mạcchina **stia** qui piú di due giorni.

Pagina centonovantotto

Rispondere alle seguenti domande:

1) Che cosa crede il cliente?
2) Che impressione ha?
3) Che cosa suppone?
4) Che cosa non sa?
5) Che cosa è necessario?
6) Che cosa vuole?
7) Che cosa dice il meccanico?
8) Che cosa bisogna fare?
9) Quanti giorni può restare la macchina dal meccanico?
10) Come esce la macchina dall'officina?

IL CONGIUNTIVO PRESENTE

Indicativo presente	**Congiuntivo presente**

Andare

1) Molte cose non **vanno** bene.
   So che molte cose non **vanno** bene.

Credo che molte cose non **vadano** bene.

Avere

2) Il motore **ha** poca forza.
   Sono certo che il motore **ha** poca forza.

Ho l'impressione che il motore **abbia** poca forza.

Dipendere

3) Ciò **dipende** dal carburante.
   Sono sicuro che ciò **dipende** dal carburante.

Suppongo che ciò **dipenda** dal carburante.

198

Potere

4) Che cosa **può** essere.
So che cosa **può** essere.

Non so che cosa **possa** essere.

Partire

5) **Io parto** con la famiglia.
Sono sicuro che **parto** con
la famiglia.

È necessario che io **parta** con
la famiglia.

Essere

6) La macchina **è** in ordine.
So che la macchina **è** in ordine.

Voglio che la macchina **sia** in ordine.

Vedere

7) Io **vedo** un po' tutto.
E' certo che io **vedo** un po' tutto.

Bisogna che io **veda** un po' tutto

Pulire - Cambiare

8) **Io pulisco** il carburatore e
cambio le candele.

Bisogna che io **pulisca** il carburatore
e **cambi** le candele.

Fare - Dare

9) Io **faccio** il controllo dei freni
e **do** un'occhiata all'impianto
elettrico.
È certo che io **faccio** il controllo
dei freni **e do** un'occhiata
all'impianto elettrico.

Bisogna che io **faccia** il controllo
dei freni e **dia** un'occhiata
all'impianto elettrico.

Stare

10) La macchina **sta** qui piú di
due giorni.

Non è possibile che la macchina
stia qui piú di due giorni.

Presente congiuntivo di **Essere** e **Avere**

Io voglio che tu **sia** presente alla discussione e che ci **sia** anche tuo fratello, che **siate** voi due a decidere in modo che tutti noi **siamo** d'accordo e che non **siano** inutili le mie raccomandazioni.

Io desidero che tu **abbia** pazienza e che **abbia** pazienza anche tuo fratello; insomma che voi due **abbiate** il tempo di riflettere, in modo che gli altri **abbiano** la possibilità di agire con calma e che tutti noi **abbiamo** l'opportunità di raggiungere lo scopo.

inutile ⟷ utile

riflettere = pensare

utile = ciò che ci serve a qualcosa
inutile = ciò che non ci serve a nulla

		ESSERE			AVERE	
	io	**sia**	presente		**abbia**	
Gli amici	tu	**sia**	presente		**abbia**	
vogliono che	egli	**sia**	presente	e che	**abbia**	pazienza
	noi	**siamo**	presenti		**abbiamo**	
	voi	**siate**	presenti		**abbiate**	
	essi	**siano**	presenti		**abbiano**	

agire con calma = fare le cose senza fretta
avere l'opportunità = avere la possibilità, il modo, l'occasione
raggiungere lo scopo = ottenere ciò che vogliamo

Presente congiuntivo di **parlare, vedere, partire, finire.**

È assolutamente **necessario che** io **veda** tutti i collaboratori, che **parli** con la massima franchezza con loro, che **finisca** il lavoro iniziato la settimana scorsa e che **parta** subito dopo.

parlare con **franchezza** = parlare con **sincerità**, dicendo ciò che pensiamo.

	I PARL**ARE**		II VED**ERE**	
	io parl-i		ved-a	
	tu parl-i		ved-a	
È necessario che	egli parl-i	con franchezza	ved-a	tutti i
	noi parl-iamo	e che	ved-iamo	collaboratori
	voi parl-iate		ved-iate	
	essi parl-ino		ved-ano	

III PARTIRE			III FINIRE	
È giusto che	io part-a tu part-a egli part-a noi part-iamo voi part-iate essi part-ano	ma è bene che	fin-isc-a fin-isc-a fin-isc-a fin-iamo fin-iate fin-isc-ano	il lavoro prima di partire.

Esercizio

Sostituire all'infinito tra parentesi il congiuntivo presente:
(Esempio: Credo che tu (avere) ragione. Credo che tu **abbia** ragione).

1) Credo che i nostri amici (partire) domani. 2) Ritengo che loro (essere) stanchi e che (avere) fretta. 3) Essi pensano che voi non (arrivare) in tempo. 4) Ritengo che voi non (avere) fiducia in me e che (credere) piú ad un ragazzo che a me. 5) Temo che il bambino (correre) e che (cadere) nelle scale. 6) Non è opportuno che tu (lasciare) le valigie in casa nostra e che (partire) oggi. 7) Spero che essi (finire) presto questo lavoro e che non lo (sospendere) prima di domenica. 8) È opportuno che voi (controllare) l'orario prima di partire; io credo che (esserci) dei cambiamenti nell'orario dei treni. 9) Credo che voi non (arrivare) in tempo a teatro e che non (vedere) l'inizio della commedia. 10) Non credo che tu (capire) quanta importanza (avere) per noi la tua presenza.

Una gara sportiva

Domenica scorsa c'è stata l'attesa corsa ciclistica alla quale hanno partecipato i migliori campioni. Credo che **siano stati** piú di cento i partecipanti e che **abbiano avuto** una giornata di sole meravigliosa. C'è chi ritiene che in di-

201

scesa i corridori **abbiano raggiunto** una velocità altissima e che **siano arrivati** al traguardo in anticipo sull'orario previsto. Pare che soltanto due o tre **abbiano finito** la corsa fuori tempo massimo. Nei lunghi tratti in pianura i corridori erano in gruppo.

Lungo tutto il percorso c'era il pubblico delle grandi occasioni e pare che molta gente **sia venuta** da lontano per assistere alla prima gara sportiva della stagione.

L'appuntamento è alle cinque e sono le cinque meno dieci: **sono in anticipo.**

Indicativo	Congiuntivo

Essere

Sono stati piú di cento i partecipanti.	**Credo** che **siano stati** piú di cento i partecipanti.

Avere

Hanno avuto una giornata meravigliosa.	**Credo** che **abbiano avuto** una giornata meravigliosa

Raggiungere

Hanno raggiunto una velocità altissima.	**C'è chi ritiene** che **abbiano raggiunto** una velocità altissima.

Arrivare

Sono arrivati al traguardo in anticipo.	**C'è chi ritiene** che **siano arrivati** al traguardo in anticipo.

Finire

Due o tre **hanno finito** la corsa fuori tempo massimo.	**Pare** che due o tre **abbiano finito** la corsa fuori tempo massimo.

Venire

Molta gente **è venuta** da lontano.   **Pare** che molta gente **sia venuta** da lontano.

Quando la bicicletta corre, le due **ruote** girano
La bicicletta ha due **ruote**, l'automobile ha quattro **ruote**

CONGIUNTIVO PASSATO

		Essere				**Avere**	
	Io	sia	stato-a	prudente		abbia	avuto
	Tu	sia	stato-a	»		abbia	avuto
	Egli	sia	stato	»		abbia	avuto
Penso che	Essa	sia	stata	»	ed	abbia	avuto ragione.
	Noi	siamo	stati	prudenti		abbiamo	avuto
	Voi	siate	stati	»		abbiate	avuto
	Essi	siano	stati	»		abbiano	avuto
	Esse	siano	state	»		abbiano	avuto

	Arrivare		**Raggiungere**	
	Io sia arrivato-a		abbia raggiunto	
	Tu sia arrivato-a		abbia raggiunto	
Molti	Egli sia arrivato		abbia raggiunto	
credono	Essa sia arrivata	tardi e che non	abbia raggiunto	la comitiva.
che	Noi siamo arrivati-e		abbiamo raggiunto	
	Voi siate arrivati-e		abbiate raggiunto	
	Essi siano arrivati		abbiano raggiunto	
	Esse siano arrivate		abbiano raggiunto	

La comitiva = il gruppo di persone che viaggiano insieme

	Finire		**Venire**	
	Io abbia finito		sia venuto-a	
	Tu abbia finito		sia venuto-a	
Tutti	Egli abbia finito	il lavoro e che	sia venuto	alla stazione
credono	Essa abbia finito		sia venuta	
che	Noi abbiamo finito		siamo venuti-e	
	Voi abbiate finito		siate venuti-e	
	Essi abbiano finito		siano venuti	
	Esse abbiano finito		siano venute	

203

Pagina duecentoquattro

Eserc̦izio

Sostituire all'infinito il congiuntivo passato:

(Es.: Credo che (arrivare) il medico. Credo che **sia arrivato** il medico).

1) Credo che il bambino (mangiare) molto e che (stare) male. 2) Il professore spera che tutti gli allievi (capire) la lezione e che (fare) gli esercizi. 3) Penso che a quest'ora (arrivare) i nostri amici e che la mamma (preparare) la cena per tutti. 4) Nonostante io (parlare) chiaro, credo che (esserci) qualcuno che non (capire) ciò che io volevo dire. 5) Sono lieto che tu (ricevere) il mio regalo e che ti (piacere). 6) È probabile che a quest'ora il medico (uscire). 7) Non sono certo che Franco (prendere) l'ombrello prima di uscire. 8) Mi dispiace che tu (pensare) male di me e che non mi (invitare) alla tua festa. 9) È probabile che mia madre (perdere) il treno; è impossibile che in poco tempo (potere) raggiungere la stazione. 10) Pare che tutti in quella lotteria (avere) dei premi e che (essere) molto soddisfatti (= contenti).

soddisfatto ⟷ insoddisfatto

Congiuntivo presente di alcuni verbi

Andare   **Dare**

Vado a prendere Gina e le **do** un passaggio in macchina (= l'accompagno con la macchina).

Gina vuole che	io vada		le dia	
	tu vada		le dia	
	lui vada	a prenderla e	le dia	un passaggio
	noi andiamo		le diamo	in macchina
	voi andiate		le diate	
	essi vadano		le diano	

Stare   **Fare**

Stasera **sto** in albergo e **faccio** le valigie.

È opportuno che stasera	io stia		faccia	
	tu stia		faccia	
	lui stia	in albergo e	faccia	le valigie
	noi stiamo		facciamo	
	voi stiate		facciate	
	essi stiano		facciano	

204

Eserci̱zio

Sostituire all'infinito tra parȩntesi il congiuntivo presente:

(Es. È bene che tu (andare) su̱bito a casa. È bene che tu **vada** su̱bito a casa.

1) Desi̱dero che voi (fare) il vostro dovere. 2) Vo̱glio che i ragazzi (stare) con me fino a questa sera. 3) Penso che voi (dare) questo contributo spontaneamente. 4) Ritengo che tutto (andare) bene e che ciascuno di noi (fare) tutto quello che può. 5) È bene che tutti (dare) una buona offerta. 6) È ora che tu (andare) a scuola e che tuo padre (andare) all'ufficio. 7) Temo che tu (stare) ad aspettare inutilmente. 8) Non capisco perché voi (stare) qui e non (fare) nulla. 9) Comunque (andare) le cose, penso che tu mi (fare) compagni̱a.

il dovere = ciò che uno deve fare

Potere **Volere**

Io **posso** parlare in italiano, ma non **vo̱glio**

Il professore ritiene che	io possa tu possa lui possa noi possiamo voi possiate essi po̱ssano	parlare in italiano, ma ancora non	vo̱glia vo̱glia vo̱glia vogliamo vogliate vo̱gliano

Dovere **Sapere**

Io **devo** partire e non **so** dove andare.

Non è giusto che	io debba tu debba lui debba noi dobbiamo voi dobbiate essi dȩbbano	partire e non	sa̱ppia sa̱ppia sa̱ppia sappiamo sappiate sa̱ppiano.	dove andare

Esercizio

Sostituire all'infinito tra parentesi il congiuntivo presente:

(Es.: Non penso che tu (potere) riuscire. Non penso che tu **possa** riuscire).

1) È bene che tu (sapere) che io non sono d'accordo. 2) Penso che i tuoi genitori (volere) venire da noi, ma che non (potere) lasciare i bambini, soli a casa. 3) Non ritengo opportuno che voi (dovere) partire soli. 4) Credo che essi (volere) dei soldi prima di uscire. 5) È probabile che tutti (sapere) che cosa io penso su questi argomenti. 6) Perché tu (potere) arrivare in tempo basta che lo (volere). 7) Voglio che il tuo amico (sapere) la verità. 8) Sono contento che finalmente non (dovere) partire e che tu (potere) venire con noi. 9) Non è giusto che essi (dovere) soffrire tanto. 10) Una cosa è che tu lo (volere), altro è che lo (potere).

	Uscire			Venire	
Io **esco** subito e **vengo** prima di cena					
La signora ritiene opportuno che	io	esca	subito e	venga	prima di cena
	tu	esca		venga	
	lui	esca		venga	
	noi	usciamo		veniamo	
	voi	usciate		veniate	
	essi	escano		vengano	

	Rimanere		Dire	
Io **rimango** in casa e non lo **dico** a nessuno.				
È opportuno che	io rimanga	in casa e che non lo	dica	a nessuno
	tu rimanga		dica	
	lui rimanga		dica	
	noi rimaniamo		diciamo	
	voi rimaniate		diciate	
	essi rimangano		dicano	

Esercizio

Sostituire all'infinito tra parentesi il congiuntivo presente:
(Es.: Non è opportuno che tu (uscire) con me. Non è opportuno che tu **esca** con me).

1) La mamma non vuole che la ragazza (uscire) sola. 2) Voglio che Gina (dire) tutto

quello che sa. 3) È necessario che i bambini (venire) con noi. 4) Desidero che tu (rimanere) ancora con i nonni e che (uscire) quando io ti telefono. 5) È probabile che gli zii (venire) domani e che (rimanere) tutta la giornata con noi. 6) È difficile che quel ragazzo (dire) una bugia. 7) Temo che (essere) tardi e che il medico (uscire) prima del nostro arrivo. 8) Siamo felici che voi (rimanere) ancora in questa città e che (venire) di tanto in tanto a visitarci. 9) Desidero che (dire) ai vostri genitori che (venire) a trovarci. 10) È necessario che io (uscire) e che voi (rimanere) in casa.

la bugia ⟷ la verità
dire bugie = dire cose non vere

Tenere	: Non è giusto che il cameriere **tenga** tutto il resto.
Togliere	: È bene che io **tolga** tutti i vestiti dall'armadio.
Piacere	: Spero che ti **piaccia** questo cappello.
Valere	: Credo che non **valga** la pena preoccuparsene.
Bere	: Temo che il bambino **beva** troppa acqua.
Tacere	: È meglio che tu **taccia**
Cogliere	: Credo che tu non **colga** il senso delle mie parole.
Trarre	: È bene che ognuno **tragga** le sue conclusioni.
Porre	: È necessario che tu **ponga** tutto nelle valigie.
Spegnere	: Temo che si **spenga** presto la candela e restiamo senza luce
Sciogliere	: È difficile che tu **sciolga** questo nodo.
Salire	: E' meglio che tu **salga** con l'ascensore, se hai fretta.

preoccuparsi = avere preoccupazioni
tacere = non parlare, non dire parole, stare zitto
cogliere il senso = capire, cogliere i fiori = prendere i fiori
trarre = tirare fuori; porre = mettere
Il sole dà luce alla terra; la luce del sole, della luna,
della candela, la luce elettrica, della lampadina.

una lampadina

una candela

Rispondere alle domande adoperando: **credo che, credo che non; è necessario,... è opportuno,... mi pare che...** e il congiuntivo.

(Es.: È tardi? − Credo che non **sia** tardi. Parte subito Gino? Mi pare che **parta** subito).

1) Arriva domani lo zio? 2) Dice la verità il ragazzo? 3) Vanno a teatro i tuoi genitori stasera? 4) La signora pone sul tavolo i piatti? 5) Il bambino beve il caffè? 6) Vale molto questo pianista? 7) Trae molto profitto lo studente da queste lezioni? 8) Si scioglie presto la neve? 9) Piace a tutti la nuova commedia? 10) Coglie l'occasione buona la signorina? 11) Tace per timore il ragazzo? 12) Tiene compagnia ai nonni il nipotino? 13) Si toglie sempre il cappello il giovane per salutare? 14) Tu sali e scendi senza ascensore?

L'occasione buona = il momento buono
il timore = la paura

Sebbene, benché, nonostante
Affinché (perché), purché

— Comprerò il nuovo disco, **sebbene abbia** pochi soldi.
— Parto subito, **benché sappia** che non arriverò in tempo.
— **Nonostante** tu **non voglia** venire con me, io andrò a cinema.
— Io me ne vado **affinché** (perché) tu **possa** lavorare tranquillo.
— Ti do il permesso di uscire, **purché** tu **torni** presto.

tranquillo ⟷ preoccupato
fare un nodo ⟷ sciogliere un nodo

Sciogliere il nodo della cravatta
Sciogliere il sale nell'acqua
Sciogliere lo zucchero nel tè, nel caffè
Sciogliere la pastiglia, la medicina in bocca
La neve si scioglie al sole di primavera

Esercizio

Sostituire l'infinito tra parentesi con il congiuntivo presente:

1) Vado al teatro, sebbene non (avere) desiderio di vedere questo spettacolo. 2) Questa macchina va male, nonostante (essere) nuova. 3) Ti presto ventimila lire affinché tu

(potere) pagare il meccanico. 4) Io farò questo lavoro, purché tu (darmi) il tempo necessario. 5) Benché (fare) caldo, conviene uscire con il cappello. 6) I ragazzi possono restare qui purché non (disturbare). 7) Tu non capisci, sebbene io (parlare) con chiarezza. 8) Io vi espongo la situazione, affinché ciascuno di voi (dire) ciò che pensa. 9) Sebbene (rimanere) poco tempo a nostra disposizione, dobbiamo cercare di finire il lavoro. 10) Resto ancora con te perché tu non (stare) solo nella strada.

In una stazione di servizio

Cliente: Per favore dieci litri di benzina super.

Commesso: Controlliamo anche le gomme, l'acqua della batteria e l'olio del motore?

Cliente: Soltanto le gomme; tutto il resto va bene.

Commesso: Le gomme posteriori sono un pò sgonfie.

Cliente: Sembrano poco gonfie; è un nuovo tipo di pneumatici

Commesso: Pulisco i vetri ed il signore è servito. Ma questo tergicristallo non funziona bene.

Cliente: In estate serve poco, lo faremo aggiustare alla prossima occasione. Dovrò portare la macchina dal carrozziere.

Commesso: Forse ci sarà uno sciopero dei distributori di benzina, converrebbe fare il pieno.

Cliente: Oggi bastano dieci litri; se ci sarà lo sciopero, andrò a piedi. Ne guadagnerà la mia salute e risparmierò i soldi della benzina!

posteriore ⟷ anteriore

posteriore = della parte che sta dietro;
la gomma = lo pneumatico;
aggiustare = mettere in ordine, a posto

una stazione di servizio (un rifornitore di benzina)

un litro

mezzo litro

209

le gomme **anteriori** sono **gonfie** (le ruote sono gonfie)
le gomme **posteriori** sono un po' sgonfie (le ruote sono sgonfie)
fare il pieno = mettere tutta la benzina che può stare nel **serbatoio** della macchina

Esercizi integrativi

1. S. L'automobile **va** bene/È necessario che
    R. È necessario che l'automobile **vada** bene.

Le gomme delle ruote sono gonfie/Bisogna che
Il meccanico vede un po' tutto/È necessario che
Il meccanico pulisce il carburatore e le candele/È bene che
Il ragazzo dell'officina cambia l'olio/Desidero che
Un altro ragazzo controlla i freni e la frizione/Chiedo che
Il carrozziere pulisce la carrozzeria/Preferisco che
Il meccanico dà un'occhiata alla batteria/Aspetto che
Tu fai il pieno di benzina e parti subito/Spero che

2. S. La discussione ti **interessa**/Ho l'impressione che
    R. **Ho l'impressione che** la discussione ti **interessi**.

L'accordo è interessante per ognuno di noi.
La compagnia dei nuovi amici è piacevole.
Un po' di riposo vi fa bene.
Vuole darci la solita raccomandazione.
Il telefono squilla inutilmente, come al solito.
Qualcuno suona il campanello di casa.
Codesta vostra partita di carte dura molto.
La rivista settimanale ha molte fotografie.
La rivista mensile esce in anticipo.

3. S. **Fa** sempre lo stesso errore grave/Mi pare che
    R. **Mi pare che faccia** sempre lo stesso errore grave.

Arriva spesso in ritardo.
Non arriva mai in anticipo.
Lo fa spontaneamente.
Viaggiate sempre in compagnia di qualcuno.
Bevono solo birra, niente vino.
Voi preferite il vino rosso.
Spendono inutilmente il loro denaro.

Sta dicendo la verità e le cose stanno cosí.
Ora vanno da Sud in direzione Nord.

4. S. Quella simpatica signorina **sorride** a te/Mi sembra che
   R. **Mi sembra che** quella simpatica signorina **sorrida** a te.

Di tanto in tanto sono distratte.
Ora non sono attenti.
Vengono qui da noi, nel nostro ufficio.
In quel ristorante si mangia bene e si paga poco.
La vostra presenza qui conviene a voi e a noi.
Siete tristi e scontenti specialmente per questa ragione.
Le banane non gli piacciono in modo speciale.
La torta non gli piace tanto.
I turisti stranieri preferiscono vedere il museo e non la gara sportiva.

5. S. **Si stanno** svegliando proprio ora/Credo che
   R. **Credo che si stiano** svegliando proprio ora.

Si stanno alzando in questo momento
Si sta lavando e pettinando
Si stanno radendo la barba
Vi state sedendo a far colazione
Vi state mettendo a tavola per il pranzo (= pranzare)
Si stanno sedendo a tavola per cena (= per cenare)
Vi state godendo il meritato riposo.
Ti stai preparando per recarti al lavoro.
Lei sta finendo di vestirsi ed è pronta.

6. S. **Volete** mettere i libri nello scaffale/Immagino che
   R. **Immagino che vogliate** mettere i libri nello scaffale.

Vogliono mettere ogni cosa in ordine.
Volete fare tutto in fretta senza perdere tempo.
Vuole togliersi le scarpe.
Vogliono coricarsi prima di mezzanotte e addormentarsi subito.
Si vogliono coricare prima di mezzanotte e addormentare subito.
Vuole aiutarci a cogliere i frutti dall'albero.
Vuole aiutarci a cogliere i fiori dalle piante.
Vuole fare il commerciante.
Vuole fumare la pipa dopo pranzo e dopo cena.

7. S. Non **si può** accorgere dell'errore senza il nostro aiuto/Ritengo che
    R. **Ritengo che** non **si possa** accorgere dell'errore senza il nostro aiuto.

Non può accorgersi dell'errore senza il nostro aiuto.
Non può alzarsi tanto presto né vestirsi tanto in fretta.
Non potete lasciare le provviste fuori del frigorifero.
Non potete restare tutto il giorno chiuse dentro casa.
Non puoi avere bisogno di altre iniezioni.
Non può insistere a dire le stesse cose.
Non puoi curare tutti i malati dell'ospedale.
Non possono portarli al Pronto Soccorso senza l'ambulanza.
Non può tagliare la stoffa senza le forbici.

8. S. Il sarto **deve** aggiustare il vestito/È logico che
    R. **È logico che** il sarto **debba** aggiustare il vestito.

Il sarto deve saper usare filo e ago.
Il sarto deve tagliare un po' qui e cucire un po' là.
Il farmacista deve conoscere le medicine che vende.
Il dentista deve saper curare i denti.
L'oculista deve saper curare gli occhi.
Il pediatra deve saper curare i bambini.
Il chirurgo deve saper fare le operazioni.
L'infermiere deve saper assistere i malati.
L'infermiera deve saper aiutare il medico.

9. S. La testa e il collo non ti **fanno** piú male/Spero tanto che
    R. **Spero tanto che** la testa e il collo non ti **facciano** piú male.

Nel tronco e nelle estremità non ci sono ferite.
Il sangue circola bene nelle vene.
Le ossa delle braccia non sono rotte.
La sua temperatura non supera i 37 gradi.
La lingua e il palato sono guariti.
Tu senti nuovamente il sapore dei cibi.
Non porta né baffi né barba.
La schiena e le spalle non mi fanno piú male.

10. S. Il cuore **è** forte e **batte** normalmente/Occorre che
     R. **Occorre che** il cuore **sia** forte e **batta** normalmente.

Copre il petto e la pancia con una maglia di lana.
I polmoni respirano aria buona.
Lo stomaco e l'intestino sono a posto.

Digeriscono tutto il cibo facilmente.
Il fegato funziona benissimo
Il rene non ha niente di grave
La vista di tutti e due gli occhi è buona.
Anche l'udito dell'orecchio destro è normale.
Odorato, gusto e tatto sono buoni.

11. S. **C'è** un premio in denaro per tutti/Non è possibile che
    R. **Non è possibile che ci sia** un premio in denaro per tutti.

C'è un'occasione migliore.
C'è qualcuno piú furbo di lui.
Ci sono tutti i tavoli occupati.
Ci sono degli aerei piú veloci di questo.
Ci sono dei medici piú ricchi di lui.
C'è una persona ancora piú stanca.
C'è qualcuno piú povero di lui.
Ci sono delle persone ancora piú riposate.
C'è una poltrona piú pesante è piú vecchia.

12. S. **C'è** un paese più libero del vostro/Non credo che
    R. **Non credo che ci sia** un paese piú libero del vostro.

C'è una bandiera piú bella della nostra.
C'è un tappeto piú antico e piú prezioso
C'è una costruzione ancora piú moderna.
Ci sono dei quadri ancora piú belli.
Ci sono dei camerieri ancora piú pigri e antipatici.
Ci sono giornate ancora piú limpide.
C'è un sole ancora piú bello.
C'è una lotteria con premi ancora piú ricchi.
C'è un traguardo (= punto di arrivo) piú lontano.

13. S. Non **penso che esista** un frutto piú dolce.
    R. Non **esiste** un frutto piú dolce.

Non penso che esista un orologio piú perfetto.
Non penso che esistano due ragazze piú simpatiche e gentili.
Non penso che esista una persona piú intelligente di lui.
Non penso che esista una ragazza piú sciocca.
Non penso che esista un uomo piú laborioso.
Non penso che esista un posto piú scomodo.
Non penso che esista una condizione piú comoda.

Non penso che esistano una franchezza e una sincerità più grandi.
Non penso che esista un distributore di benzina piú vicino.

14.   S.   **C'è** ancora un'occasione/Ma non credo che ... un'altra
       R.   Ma **non credo che ce ne sia** un'altra.

C'è ancora un pezzo di torta.
C'è ancora una candela
C'è ancora una lampadina
C'è ancora una fermata d'autobus.
C'è ancora un disco
C'è ancora un tazza di caffè.
C'è ancora una stanza libera.
C'è ancora un'offerta straordinaria.
C'è ancora un pezzo di pane.

15.   S.   Io esco, ma ancora **piove**/Sebbene. (Quantunque,... benché...)
       R.   **Sebbene** ancora **piova**, io esco.

Te la dà, ma è l'ultima fetta di salame
Te le diamo, ma sono le ultime fette di prosciutto
Non le vogliono, ma sono molto belle
Non li trovano, ma i fiammiferi sono sul tavolo
Capisce tutto, ma è straniero
Corre molto, ma la macchina è vecchia
Il pianista è bravo, ma è ancora giovane
Non funziona bene, ma la batteria è nuova
Continua a telefonare, ma è tutto inutile
Rimane zitto, ma ha molte cose da dire

16.   S.   Ciò **dipende** solo da lui./Ho paura che
       R.   **Ho paura che** ciò **dipenda** solo da lui.

Ciò dipende dal motore
Ciò dipende dal disegno e dal colore
Ciò dipende dalla qualità e dal prezzo
Ciò dipende dalla temperatura
Ciò dipende dall'olio e dalla benzina
Ciò dipende dal percorso in salita, in discesa o in pianura
Ciò dipende dalle ruote anteriori troppo gonfie
Ciò dipende dalle gomme sgonfie
Ciò dipende dall'impianto elettrico.

Lezione quattordicęsima

La gita domenicale (= della domęnica)

(Anna racconta come ha passato la domęnica)

Avevamo dato l'appuntamento ai nostri amici all'uscita dell'autostrada, vicino alla stazione di servizio alle porte del piccolo paese, dal quale è facile raggiungere la zona del bosco riservata a campęggio.

Avevamo ritardato un poco e credevamo che i nostri amici **fossero** già ad aspettarci, invece loro arrivarono quando noi pensavamo che ormai non **venissero** piú e che **restassero** a casa anche la domęnica.

Percorremmo l'ultimo tratto di strada a grande velocità come se **avessimo** fretta di raggiungere il bosco per respirare l'aria pura della campagna e finalmente potemmo montare le tende all'ombra dei pini.

Ma quanta gente! Non credevamo che tanta gente **preferisse** la collina al mare e **scegliesse** quello stesso posto.

Lo spazio divenne limitatissimo per tutti ed ognuno voleva che i bambini **rimanessero** fermi davanti alla tenda, che **stęssero** tranquilli, e che non **dęssero** fastidio ai vicini, che **facęssero** silęnzio come se **fossero** a casa! È chiaro che era inutile che **dicęssero** queste cose e che i bambini lo **capissero**, quindi era un continuo gridare e minacciare punizioni severe.

Cosí quella che pensavo **dovesse** essere una serena giornata di riposo si ridusse in una grande fatica e quando lasciammo il campęggio per tornare in città ero piú stanca di prima.

Rispondere alle seguenti domande:

1) Dove avevano dato l'appuntamento ai loro amici, Anna e la sua famiglia?
2) Arrivati in ritardo, che cosa credevano?
3) Quando arrivarono i loro amici?
4) Come percorsero l'ultimo tratto di strada?
5) Che cosa pensavano dopo aver visto tanta gente?

CONGIUNTIVO IMPERFETTO

ESSERE

alcuni credevano che

io fossi
tu fossi
egli fosse — in ritardo e non
noi fossimo
voi foste
essi fossero

AVERE

avessi
avessi
avesse — tempo.
avessimo
aveste
avessero

RESTARE

tutti pensavano che

io rest-assi
tu rest-assi
egli rest-asse — a casa e che
noi rest-assimo
voi rest-aste
essi rest-assero

SCEGLIERE

scegli-essi
scegli-essi
scegli-esse — come regalo un libro.
scegli-essimo
scegli-este
scegli-essero

VENIRE

tutti volevano che

io ven-issi
tu ven-issi
egli ven-isse — e che non
noi ven-issimo
voi ven-iste
essi ven-issero

PREFERIRE

prefer-issi
prefer-issi
prefer-isse — restare a casa.
prefer-issimo
prefer-iste
prefer-issero

Indicativo imperfetto	Congiuntivo imperfetto

ESSERE

I nostri amici **erano** già lí.   **credevamo** che i nostri amici **fossero** già lí.

VENIRE

Ormai non **venivano** piú.

pensavamo che ormai non **venissero** piú.

RESTARE

Restavano a casa

pensavamo che **restassero** a casa.

AVERE

Avevamo fretta di raggiungere il bosco

come se avessimo fretta di raggiungere il bosco.

PREFERIRE

Tanta gente **preferiva** la collina

non credevamo che tanta gente **preferisse** la collina.

SCEGLIERE

Tanta gente **sceglieva** quello stesso posto.

non credevamo che tanta gente **scegliesse** quello stesso posto.

Esercizio

Sostituire all'infinito tra parentesi il congiuntivo imperfetto:

(Es.: Noi credevamo che tu (arrivare) presto. Noi credevamo che tu **arrivassi** presto).

1) Tutti credevano che io (spedire) un telegramma e che (arrivare) il giorno dopo. 2) Credevo che voi (venire) al concerto e che (telefonare) prima di uscire di casa. 3) Alcuni volevano che noi (partecipare) alla partita di bridge. 4) Io pensavo che tu (venire) con noi, che tuo fratello (andare) per suo conto e che i tuoi genitori (restare) a casa. 5) Alcuni volevano che noi (partire) subito, altri preferivano che noi (ritardare) la partenza di qualche giorno. 6) Certamente tu ritenevi che io (essere) molto ricco e che (potere) offrire di piú alla Associazione di beneficenza. 7) Credevamo che voi (avere) piú tempo e vi (fermare) ancora una settimana in questa città. 8) Credevo che tutti (avere) paura di viaggiare in aereo e che (prendere) il treno delle cinque del pomeriggio. 9)

217

Molti pensavano che noi (essere) di origine americana e che (risiedere) in Italia da pochi anni. 10) Non ho telefonato perché credevo che tu (essere) in vacanza e che (tornare) dopo un mese.

l'origine = la nascita

Indicativo imperfetto	Congiuntivo imperfetto

STARE

I bambini **stavano** tranquilli	**Ognuno voleva** che i bambini **stessero** tranquilli.

DARE

Non **davano** fastidio ai vicini	**Ognuno voleva che** non **dessero** fastidio ai vicini.

FARE

Facevano silenzio	**Ognuno voleva che facessero** silenzio.

DIRE

Dicevano queste cose	**Era inutile** che **dicessero** queste cose.

BERE: **Tu bevi** una birra fresca.
         Io credevo che tu **bevessi** una birra fresca.

CONDURRE: Il nonno **conduceva** a passeggio i nipotini.
         Credevo che il nonno **conducesse** a passeggio i nipotini.

TRARRE: Io **traevo** un grande profitto da questa cura.
         Tu pensavi che io **traessi** un grande profitto da questa cura.

	STARE		DARE	
	io stessi		dessi	
	tu stessi		dessi	
era necessario che	egli stesse	bene e che	desse	un aiuto.
	noi stessimo		dessimo	
	voi steste		deste	
	essi stessero		dessero	

	FARE		DIRE	
	io facessi		dicessi	
	tu facessi		dicessi	
Era opportuno che	egli facesse	silenzio e che non	dicesse	nulla.
	noi facessimo		dicessimo	
	voi faceste		diceste	
	essi facessero		dicessero	

fare silenzio = non fare rumore, non parlare

	BERE		CONDURRE		TRARRE	
	io bevessi		conducessi		traessi	
Era	tu bevessi		conducessi	una	traessi	
bene	egli bevesse	poco, che	conducesse	vita	traesse	profitto
che	noi bevessimo		conducessimo	tranquilla e	traessimo	dalla cura.
	voi beveste		conduceste		traeste	
	essi bevessero		conducessero		traessero	

la cura = ciò che facciamo per guarire o star bene

Voglio che tu mi **scriva**
Volevo che tu mi **scrivessi**
Vorrei che tu mi **scrivessi**

Vorremmo che voi **veniste** a casa nostra
Voi **vorreste** che noi **facessimo** il nostro dovere
Vorrei che essi **fossero** piú gentili con noi.

Esercizio

Sostituire all'infinito tra parentesi il congiuntivo imperfetto:
(Es.: Era necessario che io (dire) la verità. Era necessario che io **dicessi** la verità.)

1) Volevo che tu (bere) con noi un cognac e (andarsene) subito. 2) Era opportuno che i nostri amici (stare) zitti e non (dire) tante bugie. 3) Qualcuno voleva che io (fare) subito le valigie e (partire) con il primo treno del pomeriggio. 4) Non voleva che tu (dare) tanta importanza a ciò che avevo detto e che (fare) ciò che hai fatto. 5) Credevamo che tutti (fare) presto e che (potere) arrivare in orario alla stazione. 6) Bisognava che i bambini (bere) soltanto delle bibite e che (stare) in giardino mentre noi discutevamo. 7) Vorrei che tu oggi (condurre) i nonni in macchina ai grandi magazzini e che (stare) ad aspettarli fino a che avranno fatto tutte le spese. 8) Era bene che tutti (dare) dei buoni consigli e (dire) chiaramente ciò che pensavano. 9) Tutti credevano che noi (trarre) gran profitto da questo lavoro. 10) Non era opportuno che noi (dare) di piú o che (fare) altri sacrifici per persone che non meritavano tanto.

CONGIUNTIVO TRAPASSATO

	ESSERE			AVERE	
tutti credevano che	io fossi stato-a			avessi avuto	
	tu fossi stato-a			avessi avuto	
	egli fosse stato-a	male e che		avesse avuto	la febbre
	noi fossimo stati-e			avessimo avuto	
	voi foste stati-e			aveste avuto	
	essi fossero stati-e			avessero avuto	

	I COMPRARE			II LEGGERE	
Tutti credevano che	io avessi			avessi	
	tu avessi			avessi	
	egli avesse	comprato il libro	e ne	avesse letto	poche righe
	noi avessimo			avessimo	
	voi aveste			aveste	
	essi avessero			avessero	

III DORMIRE			III FINIRE	
	io avessi		avessi	
Tutti	tu avessi		avessi	
credevano	egli avesse	dormito	avesse	finito
che	noi avessimo	molto e non	avessimo	il lavoro.
	voi aveste		aveste	
	essi avessero		avessero	

Volevo che tu mi **scrivessi**　　　　**Avrei voluto** che tu mi **scrivessi**
Vorrei che tu mi **scrivessi**　　　　**Avrei voluto** che tu mi **avessi scritto** prima.

Esercizio

Sostituire all'infinito tra parentesi il congiuntivo trapassato:

(Es.: Noi pensavamo che voi (comprare) già l'appartamento. Noi pensavamo che voi **aveste comprato** già l'appartamento).

1) Pensavamo che loro (partire) già per quel lungo viaggio. 2) Tutti ritenevano che noi (acquistare) il quadro antico. 3) Ognuno di noi era convinto che voi (avere) la vostra parte dell'eredità e che (risolvere) il problema della divisione dei beni. 4) Ritenevo che tu (essere) a Parigi, lo scorso anno e che (visitare) i musei di quella città. 5) Lo zio non mi scrisse nulla ed io pensai che (dimenticare) tutte le lettere, ma erano molte. 7) Avrei voluto che tu (completare) il lavoro prima di partire; saresti piú tranquillo. 8) Credevo che i due giovani (sposarsi) già, invece hanno rotto il fidanzamento. 9) Non sapevo che il professore (essere) in America prima di stabilirsi in Italia. 10) Credevo che l'atleta giovane (vincere) la gara, invece ho saputo che è arrivato terzo.

Esercizio

Sostituire «benché», «sebbene», o «nonostante» piú il congiuntivo nelle frasi introdotte da «anche se» piú l'indicativo:

(Es.: **Anche se voi siete** in ritardo, i vostri amici non sono ancora arrivati. **Benché voi siate** in ritardo, i vostri amici non sono ancora arrivati).

1) Anche se voi siete in ritardo, i vostri amici non sono ancora arrivati.
2) Continuano a parlare, anche se nessuno li ascolta.
3) Anche se il viaggio in autostrada è piú lungo e costa piú caro, io lo preferisco.
4) Volete fermarvi in questo campeggio, anche se ci sono già molte tende.
5) Continui a guidare anche se sei stanco.

Esercizio

(Come il precedente)

1) Non poté evitare quell'incidente, anche se era sempre prudente nel guidare la macchina.

221

2) Era difficile trovare posto per dormire in città, anche se gli alberghi erano numerosi.
3) Anche se non c'era sole, qualcuno faceva il bagno nel mare.
4) Sono dovuto uscire, anche se pioveva e non avevo ombrello.
5) Continuavamo a chiamarvi, anche se voi eravate troppo lontani per poter sentire.
6) Gli abbiamo evitato dispiaceri e sofferenze, anche se aiutarlo ci costava fatica e sacrificio.

Esercizio

Sostituire la congiunzione «perché» con «affinché» nelle frasi seguenti:

(Es.: Porto la macchina dal meccanico perchè la ripari. Porto la macchina dal meccanico **affinchè** la ripari.)

1) Porto la macchina dal meccanico perché la ripari.
2) Gli dà alcuni consigli perché lui non sbagli piú.
3) Le lasciammo il denaro perché facesse la spesa.
4) Diedero mille lire ai bambini perché si comprassero un gelato.
5) Vi vogliamo avvertire perché vi sappiate regolare.

La concordanza dei tempi del modo congiuntivo

(al presente)

Passato	Presente	Futuro
(ieri)	(oggi)	(domani)

Io **so** che Roberto

è arrivato ieri	arriva oggi	arriverà domani

Io **credo** che Roberto

sia arrivato ieri	arrivi oggi	arrivi (arriverà) domani

Io **penso che** tu

abbia fatto bene l'esercizio	faccia bene l'esercizio	farai (faccia) bene l'esercizio

(al passato)

(la settimana scorsa)	(avantieri)	(ieri)
Pensavo che Carlo **avesse detto** una bugia	**Pensavo** che Carlo **venisse** con noi a teatro	**Pensavo** che Carlo **sarebbe venuto** con noi a teatro

Esercizio

Sostituire all'infinito tra parentesi il modo e il tempo richiesti:

(Es.: È probabile che Gino (telegrafare) ieri e che (arrivare) domani.
È probabile che Gino **abbia telegrafato** ieri e che **arrivi** (arriverà) domani.
Non pensavo che lui (leggere) il libro in due giorni.
Non pensavo che lui **leggesse** il libro in due giorni.)

1) Spero che tu (potere) visitare il museo prima di partire. 2) Non pensavo che i nonni non (ricevere) la nostra lettera la settimana scorsa. 3) Credevo che (andarsene) tutti al cinema, invece alcuni restarono in casa. 4) Quando è partito pensavo che (salutare) tutti gli amici. 5) Disse che (venire) a trovarci, ma partí senza che lo (vedere). 6) Tutti credevano che noi (andare) al mare, invece siamo rimasti in città tutta l'estate. 7) Non pensavo che Carlo ti (riferire) tutto e che subito dopo tu (venire) da noi per avere una spiegazione. 8) Mi pare che voi (decidere) prima di consultarci e che (sbagliare). 9) Essi non credevano che io (resistere) e che (lavorare) piú di un anno in quelle difficili condizioni. 10) L'altro giorno Iole aveva detto che ieri (venire) a casa nostra, ma non l'abbiamo vista. 11) Io penso che tu (perdere) il treno e che (partire) il giorno dopo con l'aereo. 12) Non mi pare che tu (imparare) molto dopo un anno di scuola; è bene (impegnarsi) di piú in questo ultimo mese. 13) I nostri amici avevano telefonato per dirci che non (venire) alla gita. 14) Non pensavo che ci (incontrare) a Parigi e che (proseguire) il viaggio insieme. 15) Ci avevano promesso che (venire) a Roma e che (fermarsi) in casa nostra una settimana intera.

Una partita di calcio

La partita tanto attesa ha avuto inizio da pochi minuti e l'arbitro ha fatto sospendere l'incontro perché un giocatore ha colpito alle gambe un avversario. Il gioco riprende dopo qualche minuto di sospensione.

1º Signore — Ma questo non è modo di giocare! **Se** la partita **continua** cosí, **si trasforma** in un incontro di lotta libera!

2º Signore — **Se** io **fossi** l'arbitro, **sarei** piú severo.

1º Signore — Ogni domenica è una vera sofferenza. Lei ha visto la partita di domenica scorsa?

2º Signore — No, è da molto tempo che non vengo al campo sportivo.
1º Signore — **Se** lei **avesse visto** quella partita, forse non **sarebbe** piú **tornato** al campo; è dovuta intervenire la polizia per riportare la calma tra gli spettatori...
2º Signore — Ma lei c'era domenica scorsa ed è tornato anche oggi.
1º Signore — **Se potessi,** me ne **starei** a casa tranquillo, ma non ci riesco: quando gioca la nostra squadra sono sempre presente e le assicuro che il pomeriggio della domenica ... Rete!
Ha visto che bella rete?... è una sofferenza, ma quando il nostro centravanti segna una rete, dimentichiamo tutto il resto.
La nostra è una felicità sofferta, mi capisce?
2º Signore — Veramente non la capisco. Io vengo alla partita per assistere ad uno spettacolo all'aperto. Mi interessa poco che vinca una squadra o l'altra.
1º Signore — Ed io non capisco lei! Io voglio che vinca la mia squadra, anzi vorrei che vincesse sempre, invece rare volte abbiamo questa soddisfazione e non ci resta che soffrire.

Periodo ipotetico

condizione	conseguenza
Se la partita **continua** cosí	**si trasforma** in un incontro di lotta libera
Se io **fossi** l'arbitro	**sarei** piú severo
Se lei **avesse visto** quella partita	forse non **sarebbe** piú **tornato** al campo
Se potessi	me ne **starei** a casa tranquillo.

Rispondere alle seguenti domande:

1) In che cosa si trasforma, se la partita continua cosí?
2) Se tu fossi l'arbitro, che cosa faresti?
3) Se tu assistessi ad una brutta partita, torneresti al campo sportivo la domenica successiva? (= seguente)
4) Se tu potessi, te ne staresti a casa tranquillo?
5) Se la squadra di calcio della tua città perdesse, proveresti dispiacere?
6) Se dovessi consigliare di praticare uno sport, suggeriresti il calcio?
7) Andresti a vedere una partita di calcio, se piovesse?
8) Vorresti che vincesse sempre la squadra della tua città?

A.   I miei amici **andranno domani** in montagna. (*futuro*)

Se sarò libero, **andrò** anch'io a sciare.
Se sono libero, **vado** anch'io a sciare.
(indica certezza): *indicativo.*

B.   **Se fossi** libero, **andrei** anch'io a sciare. (*condizionale*)
(indica possibilità: desiderio, incertezza, dubbio): *congiuntivo.*

C.   I miei amici sono andati **domenica scorsa** in montagna (*passato*)
Se fossi stato libero, **sarei andato** anch'io a sciare.
Se avessi avuto tempo, **avrei fatto** anch'io quella gita.
(indica impossibilità): *congiuntivo*

Esercizio

Trasformare i seguenti periodi ipotetici della **realtà** in periodi ipotetici della possibilità, al futuro e al passato.

(Es.: Se tu **parli**, io ti **ascolto** — Se tu **parlassi, io ti ascolterei**. — Se tu **avessi parlato,** io ti **avrei ascoltato**).

1) Se tu mi scrivi, io ti rispondo subito. 2) Se Carla arriva, te lo comunico. 3) Se lo vedo, gli parlo con molta franchezza. 4) Se tu cammini in fretta, lo raggiungi. 5) Se otterrò una borsa di studio, andrò in Italia. 6) Se vieni con me, ti indico il negozio che cerchi. 7) Se mio fratello torna presto andiamo al cinema. 8) Se parto, non torno piú. 9) Se tu parli chiaro, io ti capisco. 10) Se è un esercizio facile, lo faccio subito. 11) Se essi non mi invitano una settimana prima, io non ci vado. 12) Se arrivo in tempo, vengo con voi. 13) Se telefoni, mi trovi a casa. 14) Se gli amici mi chiamano, corro subito da loro. 15) Preparo le valigie in pochi minuti, se devo partire. 16) Se mi presti il romanzo, lo leggerò in poche ore. 17) Dovrò risparmiare molto, se vorrò fare quel viaggio. 18) Se sto attento, non sbaglio. 19) Se vieni a cena con me, pago io. 20) Se io dico la verità, è un guaio per tutti.

Esercizio

Volgere al plurale e al singolare le seguenti frasi:

(Es.: Se tu facessi cosí, sbaglieresti. — Se **voi faceste** cosí, **sbagliereste**).

1) Se io uscissi subito, arriverei in tempo. 2) Se ci fosse la zia, resterebbe mortificata. 3) Se voi steste zitti, potremmo ascoltare meglio queste canzoni. 4) Se quell'uomo bevesse meno, starebbe meglio. 5) Se tu facessi il tuo dovere; io sarei piú tranquillo. 6) Se tu conducessi il bambino a passeggio, io lavorerei in pace. 7) Se voi deste un aiuto, noi finiremmo presto. 8) Se lui facesse come faccio io, si arricchirebbe subito. 9) Se io fossi stato prudente, non avrei rovinato il mio amico piú caro. 10) Se mio fratello mi dicesse dove va, io lo seguirei anche oggi.

Al giardino zoologico

I bambini credevano che i leoni fossero sempre pronti ad assalire gli uomini e che difficilmente ci lasciassero avvicinare alla gabbia. Rimasero un po' delusi quando domenica scorsa si trovarono davanti ad un vecchio leone che dormiva dentro la gabbia del giardino zoologico. Si divertirono di piú a guardare quelle scimmie che sbucciavano e mangiavano noccioline.

Tutti quegli animali selvatici feroci fuori dal loro ambiente facevano pena, sembrava che fossero annoiati di dare quello spettacolo.

Tigri, orsi, giraffe, zebre, leopardi, cervi giravano continuamente dentro le gabbie; un elefante enorme allungava di tanto in tanto la proboscide e qualcuno gli dava qualcosa da mangiare. Molto brutto il rinoceronte e con una testa grossissima l'ippopotamo.

I bambini guardavano con grande interesse; il giorno dopo ne avrebbero fatto una ampia descrizione a scuola.

un giardino zoologico

Esercizi integrativi

1. S. La partita **era** iniziata da poco/credevo che
   R. Credevo che la partita **fosse** iniziata da poco

Il giuoco riprendeva dopo qualche minuto/tutti credevamo che
Tu spendevi tanto per vestirti/non credevo che
Le cose gli andavano bene/gli augurammo che
Il treno poteva arrivare in orario/tutti dubitavamo che
Gli studenti erano iscritti alla nostra università/anche voi pensavate che
Una stanza d'albergo costava tanto/nessuno credeva che
Il viaggio in nave era andato bene/ognuno si augurava che
Vinceva la squadra degli ospiti/non m'interessava che

2. S. I freni dell'automobile **erano** a posto/credevamo che
   R. Credevamo che i freni dell'automobile **fossero** a posto

I nostri amici erano già ad aspettarci/credevamo che
Tante persone preferivano la collina al mare/non credevamo che
Molta gente sceglieva quel posto/non credevamo che
I bambini rimanevano fermi/ognuno voleva che
Essi non davano fastidio a nessuno/i genitori volevano che

227

Dicevano tutti le stesse cose/era inutile che
Nel bosco non c'era piú posto/sembrava che
Restavano ad attendere l'arrivo degli altri/era impossibile che

3. S. Tutti **facevano** silenzio/era necessario che
    R. Era necessario che tutti **facessero** silenzio

Nessuno parlava/era necessario che
Il nonno li conduceva a passeggio/bisognava che
Provava un'altra cura per guarire/era meglio che
Bevevano troppa birra/avevo paura che
La birra faceva male loro/avevo paura che
Conduceva gli amici a casa mia/volevo che
Traevo profitto dalla cura/auguravamo che
Facevamo un lavoro difficile/non era giusto che

4. S. **Facevate** sempre lo stesso errore/mi pareva che
    R. Mi pareva che **faceste** sempre lo stesso errore

Arrivavano spesso in ritardo
Non arrivavano mai in orario
Lo faceva spontaneamente
Viaggiava sempre in autostrada
Bevevano solo birra, niente vino
Voi preferivate il vino rosso
Spendevano inutilmente il loro denaro
Stava dicendo la verità e le cose stavano cosí
Andavano da Sud in direzione Nord

5. S. Nella lattiera **c'era** ancora del latte/mi sembrava che
    R. Mi sembrava che nella lattiera **ci fosse** ancora del latte.

Nella zuccheriera c'era ancora dello zucchero
Nella teiera c'era ancora del tè
Nella zuppiera c'era ancora della zuppa
Nella formaggera c'era ancora del formaggio
Nell'antipastiera c'era ancora dell'antipasto
Nella caffettiera c'era ancora del caffè
Nella saliera c'era ancora del sale
Nella fruttiera c'era ancora della frutta

6. S. **Va** dal macellaio a comprare la carne/so che ieri
    R. So che ieri **è andato** dal macellaio a comprare la carne

Va dal fornaio a comprare il pane
Va dal lattaio a comprare il latte
Va dal libraio a comprare un libro
Vanno dal giornalaio a comprare il giornale
Andiamo dal tabaccaio a comprare sigarette e tabacco
Andiamo dal fruttivendolo a comprare la frutta
Vanno dal calzolaio a far riparare le scarpe
Vanno dall'orologiaio a far riparare l'orologio.

7. S. Quel simpatico giovanotto ti **ha** sorriso/mi sembra che
    R. Mi sembra che quel simpatico giovanotto ti **abbia** sorriso

Di tanto in tanto si sono distratti
Non sono state attente
Sono venute qui da noi
In quel ristorante abbiamo mangiato bene
Non siete stati contenti
Le banane non gli sono piaciute
Neppure la torta gli è piaciuta
Il turista non ha voluto capire

8. S. Si **stava** svegliando/credevo che
    R. Credevo che si **stesse** svegliando

Si stavano alzando
Si stavano lavando e pettinando
Si stavano radendo la barba
Vi stavate sedendo a far colazione
Vi stavate mettendo a tavola per il pranzo
Si stava sedendo a tavola per il pranzo
Ti stavi godendo il meritato riposo
Stava finendo di vestirsi

9. S. Io non sono l'arbitro. Se fossi l'arbitro.../(**essere**) piú severo
    R. Se fossi l'arbitro, **sarei** più severo

Non posso. Se potessi.../ me ne (stare) a casa
Non seguono le lezioni. Se le seguissero/(imparare) di piú
Non sono al suo posto. Se io fossi al suo posto/non lo (fare)
Non farete tardi. Se faceste tardi/loro vi (aspettare)
Il vostro amico non parla forte. Se parlasse piú forte/tutti lo (sentire)
Non dice la verità. Se dicesse la verità/noi gli (perdonare) tutto
Non vuole togliersi la giacca. Se volesse/(potere) farlo
Non ne ho voglia. Se ne avessi voglia/(giocare) al calcio

10.　S.　Se non lo (**aiutare**), non si accorgerebbe dell'errore
　　　R.　Se non lo **aiutassimo**, non si accorgerebbe dell'errore

Se (potere), ti aiuterei
Se non (uscire), vi annoiereste
Se (dimenticare) le chiavi, non potremmo aprire la porta
Se tu (chiudere) la finestra, ci sarebbe piú caldo
Se essi (venire) da noi, ci farebbe molto piacere
Se (telefonare) qualcuno, non dovresti rispondere
Se lei non (avere) tempo di venire, verrei io da lei
Se i bambini (gridare), disturberebbero

11.　S.　Io non ero l'arbitro. Se fossi stato l'arbitro.../(essere) piú severo.
　　　R.　Io non ero l'arbitro. Se fossi stato l'arbitro, **sarei stato** piú severo.

Non potevo. Se avessi potuto.../me ne (stare) a casa.
Non seguivano le lezioni. Se le avessero seguite/(imparare) di piú.
Io non ero al suo posto. Se io fossi stato al suo posto/non lo (fare).
Non avete fatto tardi. Se aveste fatto tardi/loro vi (aspettare).
Il vostro amico non ha parlato forte. Se avesse parlato piú forte/tutti lo (sentire).
Non ha detto la verità. Se avesse detto la verità/noi gli (perdonare) tutto
Non ha voluto togliersi la giacca. Se avesse voluto/(potere) farlo.
Non ne avevo voglia. Se ne avessi avuto voglia/(giocare) al calcio.

12.　S.　Se noi non lo (**aiutare**), non si sarebbe accorto dell'errore.
　　　R.　Se noi non lo **avessimo aiutato,** non si sarebbe accorto dell'errore.

Se io (potere), ti avrei aiutato.
Se voi non (uscire), vi sareste annoiati.
Se noi (dimenticare) le chiavi, non avremmo potuto aprire la porta.
Se tu non (aprire) la finestra, ci sarebbe stato più caldo.
Se essi (venire) da noi, ci avrebbe fatto molto piacere.
Se (telefonare) qualcuno, non avresti dovuto rispondere.
Se lei non (avere) tempo di venire, sarei andato io da lei.
Se i bambini (gridare), avrebbero disturbato.

13.　S.　Essi **avevano raggiunto** l'albergo/tutti credevano che
　　　R.　Tutti credevano che **avessero raggiunto** l'albergo

Essi avevano raggiunto la spiaggia
Voi avevate raggiunto la zona del campeggio
Voi avevate raggiunto l'uscita dell'autostrada
Tu avevi raggiunto il luogo dell'appuntamento

Tu avevi raggiunto il tuo scopo
Lei aveva raggiunto il suo scopo
Lei aveva raggiunto gli amici al bar
Essi avevano raggiunto un accordo

14. S. Non ero libero. **Ero** veramente occupato/Nessuno credeva che
     R. Nessuno credeva che **fossi** veramente occupato.

Non ero distratto. Ero veramente attento
Non ero contento. Ero veramente scontento
Non ero sano. Ero veramente ammalato
Non eravamo felici. Eravamo veramente infelici
Non eravamo allegri. Eravamo veramente tristi
Non eravamo soddisfatti. Eravamo veramente insoddisfatti
Non eravamo ricchi. Eravamo veramente poveri.

15. S. Il giardino zoologico **non è** vicino, **non ci vado**
     R. **Se** il giardino zoologico **fosse** vicino, **ci andrei**.

Il tempo non è buono, non possiamo andare in macchina
La bibita non è fresca, non la bevo
Lo spazio non è ampio, non c'è posto per tutti
Gli animali feroci non ci piacciono, non andiamo a vederli
Il barbiere non è aperto, non puoi tagliarti i capelli
Il sacrificio non è utile, non lo fanno
Il consiglio non è prudente, non lo ascolto

16. S. **Non avevo** le forbici; **come avrei potuto tagliare** la stoffa?
     R. **Se avessi avuto** le forbici **avrei potuto tagliare** la stoffa.

Non avevano coltello; come avrebbero potuto tagliarle?
Non aveva lo spazzolino; come avrebbe potuto lavarsi i denti?
Non avevamo il pettine; come avremmo potuto pettinarci?
Non avevi fiammiferi; come avresti potuto accendere la sigaretta?
Non avevate telefono; come avreste potuto chiamarci?
Non avevi denaro; come avresti potuto comprare tutto?
Non aveva nè ago nè filo; come avrebbe potuto cucire il vestito?
Non avevamo spazzola; come avremmo potuto spazzolarci gli abiti?

Lezione quindicesima

Turisti curiosi

1º Turista: **Vieni** con me, **andiamo** fuori dai soliti itinerari turistici!

2º Turista: Ma dove andiamo?

1º Turista: (**Abbi**) un po' di pazienza, poi vedrai. **Scopriamo** la città vecchia attorno al rione del porto!

2º Turista: È molto interessante. Ci sono vecchi monumenti?

1º Turista: **Guarda** questa vecchia casa! È una delle piú antiche della città. **Apri** la guida e **leggi!**

2º Turista: Ma la guida dice poco, anzi su questa zona non dice nulla.

1º Turista: Eppure ci sarebbe tanto da dire! (ad un passante) Scusi, signore, è da questa parte il vecchio arsenale?

Signore : Il vecchio arsenale?! Mah! Comunque, **prenda** questa strada a destra e **continui** fino in fondo, poi **vada** a sinistra!...

1º Turista: Grazie. Io ricordo di aver letto in un vecchio libro una bellissima descrizione di questa parte della città... Ma tu **cerca** bene nella guida! Ci dovrebbe essere una vecchia torre...

2º Turista: La guida dice che percorrendo questa strada si arriva al porto.

1º Turista: Forse questo vigile urbano ci dirà qualche cosa di piú... (al vigile) **Scusi**, è da questa parte la torre medievale, il vecchio arsenale?...

Vigile   **Prendete** questa strada a sinistra e **continuate** fino in fondo, poi **andate** a destra!... C'è una torre, è la casa del sindaco; l'hanno costruita dieci anni fa. È l'unica torre che io conosca da queste parti. L'arsenale, dove fabbricano le navi, è a cinque chilometri da qui...

1° Turista: Grazie! Ci **indichi**, per piacere, un buon ristorante dove si possa mangiare dell'ottimo pesce!

Vigile   Al porto c'era una volta un vecchio ristorante, ma l'ha distrutto un incendio... **Dovete** ritornare nella parte alta della città...

1° Turista: Grazie, grazie!

2° Turista: La guida dice poco, ma mi pare che quel signore ed il vigile dicano ancora meno! Ci conviene rientrare nei soliti itinerari turistici!

Rispondere alle seguenti domande:

1) Dove vanno i due amici turisti?
2) Che cosa cercano?
3) Quali indicazioni dà il signore al quale chiedono informazioni?
4) Che cosa dice il vigile?
5) Riescono a trovare i monumenti che cercano?
6) Che cosa decidono alla fine?

Forme dell'imperativo

(guardare)		**Guarda** questa vecchia casa
(aprire)	(Tu)	**apri** la guida
(leggere)		**leggi** la guida
(prendere)		**prenda** questa strada a destra
(continuare)	(Lei)	**continui** fino in fondo
(andare)		**vada** a sinistra
(prendere)		**prendete** questa strada a sinistra
(continuare)	(Voi)	**continuate** fino in fondo
(andare)		**andate** a destra

233

Indicativo presente	Imperativo

Guardare

TU - VOI - NOI

Tu **guardi** questa casa	— **Guarda** questa casa!
Voi **guardate** questa casa	— **Guardate** questa casa!
Noi **guardiamo** questa casa	— **Guardiamo** questa casa!

Cantare

Tu **canti** una bella canzone	— **Canta** una bella canzone!
Voi **cantate** una bella canzone	— **Cantate** una bella canzone!
Noi **cantiamo** una bella canzone	— **Cantiamo** una bella canzone!

Mangiare

Tu **mangi** la frutta	— **Mangia** la frutta!
Voi **mangiate** la frutta	— **Mangiate** la frutta!
Noi **mangiamo** la frutta	— **Mangiamo** la frutta!

Parlare

Tu **parli** a bassa voce	— **Parla** a bassa voce!
Voi **parlate** a bassa voce	— **Parlate** a bassa voce!
Noi **parliamo** a bassa voce	— **Parliamo** a bassa voce!

Ascoltare

Tu **ascolti** questo disco	— **ascolta** questo disco!
Voi **ascoltate** questo disco	— **ascoltate** questo disco!
Noi **ascoltiamo** questo disco	— **ascoltiamo** questo disco!

Verbi in ARE (I coniugazione)

Imperativo

2° persona singolare	— TU = guarda(re): **guarda!**
2ª persona plurale	— VOI = indicativo presente: **guardate!**
1ª persona plurale	— NOI = indicativo presente: **guardiamo!**

Esercịzio

Sostituire all'infinito la forma dell'imperativo:
(Esẹmpio: Marịa, (entrare), io sono qui! Maria, **entra,** io sono qui!)

1) Anna, (lavare) i piatti e i bicchieri e (riordinare) la stanza!
2) Carlo, (ricordare) che devi uscire alle dieci!
3) (Ascoltare) i consigli degli amici, ragazzo mio, (guardare) tranquillo all'avvenire!
4) Ti prego, (alzare) un po' la voce!
5) Ragazzi, non (aspettare) l'ụltimo momento per studiare; (studiare) un poco anche la mattina!
6) Bambini, (andare) con la nonna ai giardini pụbblici!
7) Perché aspetti davanti alla porta, Mạrio? (bussare) ed (entrare), il direttore ti a-spetta!
8) (Aspettare) un momento, Carlo, io esco con te!
9) (Mangiare) piano e (masticare) bene, ragazzino, altrimenti ti rovini la digestione!
10) Luisa, (cercare) di capire, (considerare) bene le conseguenze di quello che fai!

Indicativo presente	Imperativo
Leggere	
Tu **leggi** questo libro	**Leggi** questo libro!
Voi **leggete** questo libro	**Leggete** questo libro!
Noi **leggiamo** questo libro	**Leggiamo** questo libro!
Aprire	
Tu **apri** la finestra	**Apri** la finestra!
Voi **aprite** la finestra	**Aprite** la finestra!
Noi **apriamo** la finestra	**Apriamo** la finestra!
Custodire	
Tu **custodisci** questo denaro	**Custodisci** questo denaro!
Voi **custodite** questo denaro	**Custodite** questo denaro!
Noi **custodiamo** questo denaro	**Custodiamo** questo denaro!

I verbi della II coniugazione (-ERE) e della III coniugazione (-IRE) hanno all'imperativo, per la seconda persona singolare e plurale e per la prima persona plurale, le forme dell'indicativo presente.

Esercizio

Sostituire all'infinito tra parentesi la forma dell'imperativo:
(Es.: Carlo, (partire) subito e (scrivere) appena arrivi! Carlo, **parti** subito e **scrivi** appena arrivi).

1) Ragazzi, (chiudere) la porta e (aprire) le finestre! 2) Carlo, (dormire) molto questa notte, perché domani ti attende un duro lavoro! 3) Maria, (scrivere) e (spedire) subito il telegramma! 4) (Noi) (uscire) in giardino e (prendere) un po' di sole! 5) Anna, (accendere) la luce nel corridoio e (spegnere) quella della cucina! 6) Ragazzi, (correre) e (raggiungere) lo zio che vi aspetta all'angolo della strada! 7) Luciana, (bere) un aperitivo con noi! 8) (Decidere) subito, Mario, io non posso aspettare! 10) Gina, (condire) bene l'insalata!

Lei **prenda** questa strada a destra,
continui fino in fondo
e poi **vada** a sinistra.

Loro **prendano** questa strada a destra,
    continuino fino in fondo
    e poi **vadano** a sinistra

Alla 3ª persona singolare e plurale (egli, essa, Lei, — essi, esse, Loro) tutti i verbi in — ARE — ERE — IRE, hanno all'imperativo le forme del congiuntivo presente.

Esercizio

Sostituire all'infinito tra parentesi la forma dell'imperativo.
(Es.: Signorina, (comprare) questo vestito, è molto bello! — Signorina, **compri** questo vestito, è molto bello!

1) Signori, (prendere) le chiavi della macchina e (andare) alla stazione! 2) Signorina, (parlare) in italiano, io non capisco il tedesco! 3) Cameriere, (portare) dell'altro vino! 4) Signore e signori, (avere) pazienza, lo spettacolo avrà inizio fra dieci minuti! 5) Si-

gnori, (ubbidire) all'ordine del direttore; non si può entrare prima delle cinque! 6) Signori prima della visita del museo, (leggere) la descrizione riportata nella guida! 7) Signorina, La prego, (aspettare) in anticamera e (chiudere) la porta! 8) Signore, (ricordare) sempre le mie parole e (partire) tranquillo! 9) Prego, Signore, (scegliere) con calma le sue cravatte! 10) Signorina, (ritornare) a casa e (prendere) il denaro necessario per l'acquisto del vestito!

IMPERATIVO

Essere	Avere
Tu **sii** buono!	**abbi** pazienza!
Lei **sia** buono!	**abbia** pazienza!
Noi **siamo** buoni!	**abbiamo** pazienza!
Voi **siate** buoni!	**abbiate** pazienza!
Loro **siano** buoni!	**abbiano** pazienza!

Ti prego, Stefano, **non arrivare** tardi alla lezione, non **perdere** tempo lungo la strada; soprattutto **non dormire** fino alle dieci, **non essere** pigro in questa ultima parte dell'anno scolastico e **non avere** paura degli esami! Se tu ascolterai i miei consigli, tutto andrà bene.

Vi prego, ragazzi, **non arrivate** tardi alla lezione non **perdete** tempo lungo la strada; soprattutto **non dormite** fino alle dieci, **non siate** pigri in questa ultima parte dell'anno scolastico e **non abbiate** paura degli esami! Se voi ascolterete i miei consigli, tutto andrà bene.

237

SI	NO
Stefano, **arriva** presto alla lezione!	Stefano, **non arrivare** tardi alla lezione!
Ragazzi, **arrivate** presto alla lezione!	Ragazzi, **non arrivate** tardi alla lezione!
Signorina, **arrivi** presto alla lezione!	Signorina, **non arrivi** tardi alla lezione!
Ragazzi, **andiamo** in quel vecchio locale!	Ragazzi, **non andiamo** in quel vecchio locale!

IMPERATIVO NEGATIVO, 2ª persona singolare

NON + infinito: Stefano, non arrivare ...., non perdere .... non dormire ...., non essere ...., non avere ....

Esercizio

Fare la forma negativa.
(Es.: Franco, **apri** la porta! Franco **non aprire** la porta!

1) Carlo, spegni la luce! 2) Signorina, venga con me! 3) Ragazzo, resta fermo lí! 4) Ragazzi, parlate piano! 5) Luisa, parti subito! 6) Signorina, parta subito! 7) Mario, bevi questo bicchiere di vino! 8) Franco, rispondi subito! 9) Anna, fuma un'altra sigaretta! 10) Gino, racconta quello che hai visto!

Carlo, **prestami** mille lire e **accompagnami** dal barbiere. Se non vuoi venire con me, **attendimi** qui, io vado a tagliarmi i capelli. Fra poco arriverà Franco, **sedetevi** in quel bar e **fate** quattro chiacchiere, io vi raggiungerò fra poco.

Signor Alberto, **mi presti** mille lire e **mi accompagni** dal barbiere! Se non vuol venire con me, mi **attenda** qui, io vado a tagliarmi i capelli. Fra poco arriverà la signorina Luisa; **si siedano** in quel bar e **facciano** quattro chiacchiere, io li raggiungerò fra poco.

238

(TU)	presta**mi**	**TU - VOI - NOI**
	accompagna**mi**	
	attendi**mi**	indicativo presente + pronome

| (VOI) | sedete**vi** |
| (NOI) | sediamo**ci** |

(LEI)	**mi** presti	**LEI - LORO**
	mi accompagni	
	mi attenda	pronome + congiuntivo presente

(LORO) **si** siedano

Esempi:

Carlo,		**tu**	**voi**	**noi**
guarda	questo quadro!	guardalo!	guardatelo!	guardiamolo!
prendi	la penna!	prendila!	prendetela!	prendiamola!
leggi	quei giornali!	leggili!	leggeteli!	leggiamoli!
scrivi	queste parole!	scrivile!	scrivetele!	scriviamole!

parla	a tuo cugino!	parlagli!	parlategli!	parliamogli!
pensa	a ciò che ti dico!	pensaci!	pensateci!	pensiamoci!
mangiamo	due di queste mele!	mangiane due!	mangiatene due!	mangiamone due!

Signorina,		**lei**	**loro**
guardi questo quadro!		lo guardi!	lo guardino!
prenda la penna!		la prenda!	la prendano!
legga questi giornali!		li legga!	li leggano!
scriva queste parole!		le scriva!	le scrivano!
parli a suo cugino!		gli parli!	gli parlino!
pensi a ciò che Le dico!		ci pensi!	ci pensino!
mangi due di queste mele!		ne mangi due!	ne mangino due!

Esercizio

Trasformare le frasi seguenti adoperando i pronomi.
(Es.: Guarda questa ragazza! **Guardala!** - Date a me il conto! **Datemelo!**)

1) Scelga Lei, signorina, le cartoline! 2) (Tu) compra il giornale! 3) (Tu) indossa la gonna nuova! 4) Signori, prendano questo tassí! 5) Signorina, aspetti suo fratello! 6) (Noi) prendiamo questi fiori! 7) Signorina, telefoni a Sua madre! 8) Ragazzi, scrivete gli appunti nel quaderno! 9) Carlo, prendi qualcuna di queste stampe! 10) Signorina, prenda due di queste stampe!

Giorgio ti prego, **fammi** questo piacere, **dimmi** esattamente come sono andate le cose, **dammi** tutte le notizie utili affinché io possa ricostruire l'incidente nei minimi particolari!

Ancora c'è qualche cosa di poco chiaro. **Abbi** pazienza e **sii** preciso nell'esposizione! **Non farmi** perdere tempo con chiacchiere inutili, soprattutto **non dirmi** bugie, **non darmi** una versione sbagliata dei fatti! Io devo difendere una causa e devo sapere tutto!

Ragazzi, Vi prego, **fatemi** questo piacere, **ditemi** esattamente come sono andate le cose, **datemi** tutte le notizie utili affinché io possa ricostruire l'incidente nei minimi particolari!

Ancora c'è qualche cosa di poco chiaro. **Abbiate** pazienza e **siate** precisi nell'esposizione! **Non fatemi** perdere tempo con chiacchiere inutili, soprattutto **non ditemi** bugie, **non datemi** una versione sbagliata dei fatti! Io devo difendere una causa e devo sapere tutto!

Signorina, La prego, **mi faccia** questo piacere, **mi dica** esattamente come sono andate le cose, **mi dia** tutte le notizie utili affinché io possa ricostruire l'incidente nei minimi particolari!

Ancora c'è qualche cosa di poco chiaro. **Abbia** pazienza e **sia** precisa nell'esposizione! **Non mi faccia** perdere tempo con chiacchiere inutili soprattutto **non mi dica** bugie. **Non mi dia** una versione sbagliata dei fatti! io devo difendere una causa e devo sapere tutto!

Alcune forme di imperativo dei verbi:

	DARE	DIRE	FARE	ANDARE	STARE
	dà!	dì!	fa'!	va'!	sta'!
	dammi!	dimmi!	fammi!	vacci!	stacci!
TU	dammelo!	dimmelo!	fammelo!	vattene!	stattene!
	dacci!	dicci!	facci!		
	daccelo!	diccelo!	faccelo!		

In banca

Impiegato:	Prego, desidera?
Cliente:	Devo fare un prelevamento dal mio conto corrente, ma prima dovrei cambiare questo assegno.

Impiegato:	Va bene. Firmi l'assegno nel retro e per prelevare compili questo modulo.
Cliente:	Grazie. Scusi, dov'è l'ufficio delle cassette di sicurezza?
Impiegato:	Si rivolga allo sportello n. 7, ma non mi risulta che ci siano cassette libere; dovrebbe andare alla sede centrale, dove c'è una maggiore disponibilità che nelle agenzie.
Cliente:	Ma la sede centrale è molto lontana da casa mia!
Impiegato:	Alla cassa n. 1 per la somma prelevata.
Cliente:	Potrei avere il saldo del mio conto?
Impiegato:	Ecco, però ancora non è stata ragistrata la somma del prelevamento di oggi. Alla fine del mese verranno calcolati gli interessi.
Cliente:	Grazie, arrivederla!

Esercizi integrativi

1. S. Posso parlare?
   R. **Parla!**

Posso aspettare?
Posso andare?
Posso fumare?
Posso entrare?
Posso restare?
Posso ascoltare?
Posso pagare?
Posso giocare?

2. S. Posso parlare ora?
   R. **Non parlare** ora!

Posso aspettare qui?
Posso andare via?
Posso fumare subito?
Posso entrare là?
Posso restare fuori?
Posso ascoltare adesso?
Posso pagare oggi?
Posso giocare con lui?

3. S. Possiamo leggere?
   R. Sì, **leggete!**

Possiamo chiudere?
Possiamo scrivere?

Possiamo bere?
Possiamo rimanere?
Possiamo scegliere?
Possiamo accendere?
Possiamo spegnere?
Possiamo prendere?

4. S. Possiamo leggere?
   R. No, **non leggete**.

Possiamo chiudere?
Possiamo scrivere?
Possiamo bere?
Possiamo rimanere?
Possiamo scegliere?
Possiamo accendere?
Possiamo spegnere?
Possiamo prendere?

5. S. Posso uscire?
   R. Sí, **esci**.

Posso aprire?
Posso sentire?
Posso dormire?
Posso venire?
Posso pulire?
Posso finire?
Posso avvertire?
Posso colpire?

6. S. Possiamo venire?
   R. No, **non venite**.

Possiamo pulire?
Possiamo finire?
Possiamo avvertire?
Possiamo aprire?
Possiamo dormire?
Possiamo spedire?
Possiamo riempire?

7. S. **Dí** quello che vuoi
   R. **Dite** quello che volete.

Fa' come tu vuoi
Stai dove vuoi
Va' dove vuoi
Da' quello che puoi
Lascia quello che puoi
Firma dove vuoi
Telefona a chi vuoi
Guida con prudenza.

8. S. **Non dire** questo
   R. **Non dite** questo.

Non fare nulla
Non stare fermo
Non andare in giro
Non dare fastidio
Non lasciare il giornale lí
Non firmare ancora l'assegno
Non telefonare all'agenzia
Non guidare senza gli occhiali.

9. S. Dovrebbe andare fuori dai soliti itinerari
   R. **Vada** fuori dai soliti itinerari.

Dovrebbe girare attorno al monumento
Dovrebbe considerare ogni particolare
Dovrebbe fare un altro esame
Dovrebbe stare piú attenta
Dovrebbe andare alla cassa
Dovrebbe firmare l'assegno
Dovrebbe compilare il modulo
Dovrebbe lasciare un po' di spazio.

10. S. **Vada** fuori dai soliti itinerari
    R. **Non vada** fuori dai soliti itinerari.

Giri attorno al monumento
Consideri ogni particolare
Faccia un altro esame
Stia piú attenta

Vada alla cassa
Firmi l'assegno
Compili il modulo
Lasci un po' di spazio

11. S. La prego di rispondere al telegramma
    R. **Risponda** al telegramma.

La prego di chiudere la porta o la finestra
La prego di bere un caffé con me
La prego di tenere conto di questo
La prego di attendere un momento
La prego di spegnere la sigaretta
La prego di chiedere altre informazioni
La prego di distruggere la lettera
La prego di prendere una decisione.

12. S. **Finisci** il lavoro entro oggi
    R. **Finisca** il lavoro entro oggi.

Vieni domani al porto quando arriva la nave
Pulisci la cucina prima di uscire
Avverti il vigile urbano
Apri lo sportello destro della macchina
Spedisci questa raccomandata domani
Dormi pure tranquillo
Offri un bicchiere di birra a tutti
Esci con l'ombrello perché piove.

13. S. **Aspetta** Anna, per favore!
    R. **Aspettala**, per favore.

Fuma la sigaretta subito
Ascolta il disco piú tardi
Firma l'assegno
Prenota la stanza oggi
Visita il museo di mattina
Cerca le forbici immediatamente
Paga l'albergo a fine settimana
Informa tutti appena puoi.

14. S. **Aspettala**, per favore
    R. **Non aspettarla**.

Fumala subito
Scrivilo qui
Mettili là
Bevile dopo
Spegnila adesso
Puliscilo con le mani
Avvertilo per telefono
Spediscila per raccomandata.

15. S. Posso dargli il libro?
    R. **Daglielo**, se vuoi, o **non darglielo**.

Posso fargli un regalo?
Posso dirgli l'itinerario nostro?
Posso lasciargli un assegno?
Possiamo chiedergli un'informazione?
Possiamo finirgli il lavoro?
Possiamo pulirgli la stanza?
Possiamo aprirgli le finestre?

16. S. Paghi l'assegno al cliente
    R. **Glielo paghi**.

Dia il mio numero al sindacato
Dica questo al passante
Chiuda la finestra a Marco
Apra lo sportello ad Anna
Spieghi la lezione alla signorina
Ripeta la spiegazione all'alunno
Compili il modulo allo straniero
Cucia l'abito alla signora.

Lezione sedicesima

Arriva l'attrice americana

La notizia **è stata** pubblicata con grande risalto nell'edizione del mattino di tutti i giornali: «Oggi arriverà alla stazione centrale la notissima attrice americana che ha vinto l'ultimo Oscar per la migliore interpretazione. **È accompagnata** dal marito».

Una folla di curiosi attende l'arrivo del treno fin dalle prime ore del pomeriggio. Tutti vogliono vedere da vicino l'attrice che hanno visto soltanto sullo schermo.

Quando l'attrice scende dal treno i fotografi scattano molte fotografie; subito **viene intervistata** dai giornalisti. **Le vengono rivolte** delle domande: «Girerà un film in Italia»? «**È stata invitata** da un produttore italiano»?. «**È previsto** un lungo soggiorno»?, «Ha firmato un contratto»?, «È vero che le **sono stati rubati** tutti i gioielli»?

L'attrice firma autografi, sorride e dà a tutti delle risposte evasive. Viene in Italia per un breve periodo di riposo.

Rispondere alle seguenti domande:

1) Come è stata pubblicata la notizia dell'arrivo dell'attrice americana?
2) Da chi è accompagnata?
3) Da chi viene intervistata quando scende dal treno?
4) Quante domande le vengono rivolte?
5) Quali sono le principali domande?

247

6) L'attrice come risponde?
7) Perché viene in Italia?
8) Hai visto mai da vicino una nota attrice del cinema?

forma attiva   forma passiva

Il marito **accompagna** l'attrice =   L'attrice **è accompagnata** dal marito.

I giornalisti **intervistano** l'attrice =   L'attrice **viene intervistata** dai giornalisti.

Esercizio

Sostituire il verbo «essere» con il verbo «venire»:
(Es.: La notizia **è** pubblicata nel giornale. — La notizia **viene** pubblicata nel giornale)

1) Gli attori **sono** invitati al festival.
2) Il film **è** girato sulle montagne.
3) Il nuovo film **è** presentato ai critici.
4) All'attrice **è** concesso un periodo di riposo.
5) Il contratto per il nuovo film **è** firmato alla presenza dei giornalisti.
6) All'attore giovane **è** assegnato l'Oscar.
7) Il nuovo film in cinemascope **è** presentato in anteprima ai critici e ai giornalisti.
8) Agli artisti **è** richiesta la fotografia con l'autografo.

Ripetere lo stesso esercizio al futuro
(Es.: La notizia **sarà** pubblicata nel giornale — La notizia **verrà** pubblicata nel giornale).

Nella forma passiva, al presente e al futuro,
Essere + participio passato = venire + participio passato
Questo film **è** girato in Italia — Questo film **viene** girato in Italia
Questo film **sarà** girato in Italia — Questo film **verrà** girato in Italia.

A. — Il professore ci **ha invitati** | Noi **siamo stati invitati** dal professore
a casa sua. | a casa sua.

— Il ragazzo **ha accompagnato** | La fidanzata **è stata accompagnata**
la fidanzata fino al cancello. | dal ragazzo fino al cancello.

Esercizio

Volgere alla forma passiva:
(Es.: Tutti hanno visto la ragazza. — La ragazza **è stata vista** da tutti)

1) Qualcuno ha incontrato i nostri genitori per le scale. 2) Noi abbiamo preso subito la decisione. 3) Il professore ha segnato gli errori dell'esercizio con la matita rossa. 4) La nostra squadra di calcio ha vinto la coppa d'argento. 6) Ho comprato queste scarpe a Londra. 7) Abbiamo ordinato i nostri mobili per arredare l'appartamento. 8) Questa mattina hanno tagliato i fili del telefono. 9) Hanno trasmesso il concerto alla radio. 10) Al ricevimento hanno offerto degli ottimi dolci.

La forma passiva con i verbi **Dovere, Potere**

B. — Quando girano un film, gli attori **devono ripetere** parecchie volte alcune scene.

— Quando girano un film, alcune scene **devono essere ripetute** parecchie volte dagli attori.

I ragazzi **non possono vedere** questo film.
Questo film **non può essere visto** dai ragazzi.

Forma attiva	Forma passiva
— L'allievo **deve ripetere** la lezione	La lezione **deve essere ripetuta** dall'allievo.
— Gli studenti **devono leggere** questi libri.	Questi libri **devono essere letti** dagli studenti.
— Il professore **dovrà spiegare** di nuovo questo argomento.	Questo argomento **dovrà essere spiegato** di nuovo dal professore
— Tu **non puoi capire** le mie parole.	Le mie parole **non possono essere capite** da te.
— Maria **può accompagnare** il bambino	Il bambino **può essere accompagnato** da Maria.
— I ragazzi **potranno comprare** subito i giocattoli.	I giocattoli **potranno essere comprati** subito dai ragazzi.

Esercizio

Volgere alla forma passiva.
(Es.: **Possiamo bere** questo vino. Questo vino **può essere bevuto** da noi)

1) Dobbiamo comprare subito le scarpe. 2) La signorina può ripetere esattamente le mie parole. 3) Tutti possono vedere questo film. 4) Tutti devono ascoltarti. 5) Qualcu-

no ti dovrebbe accompagnare dal medico. 6) Dovremo rimandare la cena, perché si è ammalato il cuoco. 7) Possiamo pagare a rate il nuovo televisore. 8) Devo restituire il libro alla biblioteca. 9) Non potete seguire questo percorso, perché piove. 10) Non posso dire ciò che penso. 11) Non posso leggere questo libro in due giorni. 12) Tutti devono firmare questa lettera. 13) Tutti possono firmare questo documento. 14) Qualcuno deve consegnare questi fiori alla signora. 15) Un bambino non può capire queste cose. 16) Una signorina non dovrebbe leggere questi brutti libri. 17) Non possiamo dare in affitto l'appartamento ad uno sconosciuto. 18) Dobbiamo comprare il pane ogni mattina. 19) Dobbiamo spedire questa lettera per via aerea. 20) Qualcuno potrebbe scambiarci per italiani.

C — Questo libro **si legge** in poche ore
    Questo libro **si può leggere** in poche ore
    Questo libro **si deve leggere** in poche ore

Esercizio

Ripetere le frasi come nell'esercizio precedente:

1) Questa pietanza si mangia fredda. 2) La valigia si prepara dopo. 3) La nostra partenza si rimanda di due giorni. 4) L'esercizio si ripete tre volte. 5) Le scarpe si compreranno domani. 6) Subito si scrive la lettera. 7) Queste parole si dicevano prima. 8) La fattura si paga subito. 9) I ragazzi si accompagneranno nel pomeriggio ai giardini pubblici. 10) Questo appartamento si affitta per poco prezzo.

D. — Questa poesia **si deve imparare** a memoria
    Questa poesia **deve essere imparata** a memoria
    Questa poesia **va imparata** a memoria.

    Queste poesie **si devono imparare** a memoria
    Queste poesie **devono essere imparate** a memoria
    Queste poesie **vanno imparate** a memoria.

Esercizio

Ripetere le frasi adoperando «va», «vanno»:

1) Questo libro si deve leggere subito. 2) Questo piatto deve essere servito caldo. 3) Questi legumi devono essere cucinati a fuoco lento. 4) Questi bambini devono essere

puniti. 5) Questo documento deve essere esaminato con attenzione. 6) Questi bicchieri devono essere lavati bene. 7) I gioielli devono essere conservati nella cassaforte. 8) Questo assegno deve essere cambiato in banca. 9) Questa premessa si deve fare prima di dicembre. 10) Queste parole si devono pronunciare con chiarezza.

E. — **Si dice** (= tutti dicono - la gente dice - noi diciamo)
    Si sa (= tutti sanno - la gente sa noi sappiamo)
    Si fa (= tutti fanno - la gente fa - noi facciamo)

Si dice che quest'anno arriveranno molti turisti
Si sa che tu suoni bene la chitarra.
Si fa tutto quello che si può.

        Si dicono tante cose
        Si sanno tante cose
        Si fanno tante cose.

Esercizio

Ripetere le frasi adoperando la forma con «si».

(Es.: Questa sera **la gente balla** all'aperto - Questa sera **si balla** all'aperto).

1) Questa sera **la gente balla** all'aperto. 2) **Tutti dicono** che ci sarà uno sciopero dei panettieri. 3) Quando c'è fretta, **la gente fa** molti errori. 4) **Molti imparano** con facilità l'italiano. 5) **Tutti sanno** che non possiamo aspettare qui. 6) **La gente dice** che arriveranno molti artisti famosi per il Festival. 7) **Tutti dicono** che tu sei molto ricco. 8) **Non sappiamo** che cosa succederà domani. 9) **Tutti fanno** molto rumore in questa stanza. 10) **Tutti sanno** che oggi non posso uscire.

Il gerundio

Oggi resto a casa e passo il tempo **leggendo** qualche rivista o **ascoltando** della buona musica.

Il mese scorso sono restato spesso a casa ed ho passato il tempo **leggendo** qualche rivista o **ascoltando** della buona musica.

La settimana prossima resterò a casa e passerò il tempo **leggendo** qualche rivista o **ascoltando** della buona musica.

(presente) passo il tempo **leggendo**
(passato) ho passato il tempo **leggendo**
(futuro) passerò il tempo **leggendo**

Gerundio semplice

I Ascoltare **ascoltando**	II Leggere **leggendo**	III Partire **partendo**

Esercizio

Sostituire all'infinito tra parentesi la forma del gerundio semplice.

(Es.: Carlo (uscire) dall'università incontra suo fratello = Carlo **uscendo** dall'Università incontra suo fratello).

1) Noi facciamo sempre una lunga passeggiata (andare) a scuola.
2) Nella strada le signorine passano il tempo (guardare) le vetrine.
3) Gino arriverà presto a Roma (partire) con il primo treno del pomeriggio.
4) Nei ristoranti alcuni mangiano (leggere) il giornale.
5) (Chiudere) la porta mi sono accorto di non avere le chiavi.

1) **Avendo ascoltato** le tue parole, ho capito finalmente che tu hai ragione.

2) **Avendo deciso** di partire subito, non feci in tempo ad avvisarti.

3) **Essendo partita** mia madre questa mattina, non potrò venire da voi domani.

253

Gerundio composto		
I Ascoltare	II Decidere	III Partire
avendo ascoltato	avendo deciso	essendo partito-a essendo partiti-e

a) Che cosa **stai facendo**?
b) **Sto leggendo** il giornale

a) Che cosa **stavi facendo** quando io ti ho telefonato?
b) **Stavo stirando** la camicetta.

Discorso diretto e indiretto

Discorso diretto

a) La mamma dice: «**accompagno** i bambini a scuola e **torno** subito a casa».

b) La mamma dice: «**accompagnerò** i bambini a scuola e **tornerò** subito a casa».

c) Il babbo dice alla mamma: «**accompagna** i bambini a scuola e **torna** subito a casa».

Discorso indiretto (dopo un tempo presente: La mamma **dice** ...)

a) La mamma dice che **accompagna** i bambini a scuola e **torna** subito a casa.

b) La mamma dice che **accompagnerà** i bambini a scuola e **tornerà** subito a casa.

c) Il babbo dice alla mamma che **accompagni** i bambini a scuola e che **torni** subito a casa.

d) Il babbo dice alla mamma di **accompagnare** i bambini a scuola e di **tornare** subito a casa.

Discorso indiretto (dopo un tempo passato:
      la mamma **diceva**...
      la mamma **ha detto**...
      la mamma **disse**...)

a) La mamma diceva (ha detto, disse) che **accompagnava** i bambini a scuola e **tornava** subito a casa.

b) La mamma diceva (ha detto, disse) che **avrebbe accompagnato** i bambini a scuola e **sarebbe tornata** subito a casa.

c) Il babbo diceva (ha detto, disse) alla mamma che **accompagnasse** i bambini a scuola e **tornasse** subito a casa.

d) Il babbo diceva (ha detto, disse) alla mamma **di accompagnare** i bambini a scuola e **di tornare** subito a casa.

— Carlo dice: «**Io** questo non lo **faccio**»
  Carlo dice che **lui** questo non lo **fa**

— Clara dice: «**Io resto** a casa»
  Clara dice che **lei resta** a casa.

— I ragazzi dicono: «**Noi vogliamo** giocare»
  I ragazzi dicono che **loro vogliono** giocare.

— Giovanni dice: «Questo libro è **mio**»
  Giovanni dice che questo libro è **suo**.

— Lo zio ha detto: «Io resto **qui**»
  Lo zio ha detto che restava **lì**».

— La zia ha detto: «Ho scritto la lettera **ieri** e la spedirò **domani**».
  La zia ha detto che aveva scritto la lettera il **giorno prima** e che l'avrebbe spedita il **giorno dopo**.

— Il professore ha detto: «**Questo** allievo è molto bravo»
  Il professore ha detto che **quell'**allievo era molto bravo.

Esercizio

Trasformare il discorso diretto in discorso indiretto.

(Es.: Carlo ha detto: «**Voglio vedere questo** film»
      Carlo ha detto **che voleva** vedere **quel** film).

255

1) Dice: «Voglio venire con voi».
2) Ha detto: «Scrivo questa lettera ed esco subito».
3) Hanno detto: «Attendiamo fino a domani e poi partiremo».
4) Dissero: «Stiamo molto bene in questa città».
5) Diceva: «Voglio molto bene a questi ragazzi, ma voglio bene pure a te».
6) Maria disse a Marco: «Vengo io a casa tua».
7) Dissero: «Non possiamo andare a piedi fino all'Università; attendiamo l'autobus».
8) Mario disse: «Io leggo questo libro in mezza giornata».
9) La donna diceva: «Il mio bambino è il più bello di tutti».
10) Paolo disse: «Farò una passeggiata e poi andrò al cinema».

A teatro

(alla biglietteria)

Signore:	Per piacere, due poltrone possibilmente centrali di prima o di seconda fila.
Bigliettaio:	Non ci sono posti fino alla quindicesima fila, soltanto una poltrona laterale alla decima fila.
Signore:	Come mai? Mi hanno detto che ieri il teatro era quasi vuoto e questa commedia si replica da due settimane!
Bigliettaio:	Ma oggi è sabato e per questa compagnia è l'ultimo giorno.
Signore:	(alla moglie) Che cosa dobbiamo fare?
Signora:	Io voglio vedere la commedia, prendi i biglietti e poi vedremo se con una buona mancia la maschera ci può sistemare tra le prime file. L'altra volta, alla fine del primo atto, erano libere le poltrone riservate della prima fila!
Signore:	Dovevamo venire dieci giorni fa! La verità è che quando io dico una cosa, tu trovi sempre il modo di avere un'idea contraria!
Signora:	Non cominciamo con i soliti discorsi; io vengo a teatro per divertirmi e tu trovi sempre il sistema di farmi venire i nervi prima dello spettacolo!
Signore:	(al bigliettaio) Per favore quella poltrona della decima fila e un'altra della sedicesima. (alla moglie) Ecco il tuo biglietto. Non importa se non stiamo vicini! Ci rivedremo all'uscita alla fine dello spettacolo.

Esercizi integrativi

1. S. Molti turisti **visitano** l'Italia
   R¹ L'Italia **è visitata** da molti turisti
   R² L'Italia **viene visitata** da molti turisti

Molti stranieri studiano la lingua italiana
La polizia allontana la folla
Un gruppo di fotografi riceve l'attrice
I fotografi scattano molte fotografie
Un'altra persona finisce questo lavoro
Uno sconosciuto lo avvicina
Tutti vedono la scena
Molti leggono l'ultima edizione

2. S. Un forte rumore **li ha svegliati**
   R. **Sono stati svegliati** da un forte rumore

Tutti i giornali hanno descritto l'avvenimento
Qualcuno non ha rispettato il segnale stradale
Una notissima attrice ha vinto l'Oscar cinematografico
Il nuovo cuoco ha preparato questo piatto
L'attrice e il produttore hanno firmato il contratto
La radio e la televisione hanno trasmesso la notizia
Uno sconosciuto ha spedito questa lettera
Il vigile urbano ha punito l'automobilista con una multa

3. S. **Chiudano** immediatamente la porta
   R. **Si chiuda** immediatamente la porta.

Mandino un telegramma
Vendano il quadro
Puniscano il colpevole
Accontentino i bambini
Rispondano alla lettera
Dicano tutta la verità
Spendano di meno e risparmino di piú
Rispettino la libertà altrui.

4. S. **Chiuderanno** al traffico l'aeroporto
   R. L'aeroporto **sarà chiuso** al traffico

Apriranno il museo alla fine del mese
Visiteranno tutti i monumenti

Occuperanno tutte le stanze dell'albergo
Non accetteranno queste domande
Dove gireranno il film?
Allontaneranno tutti i curiosi
Non spegneranno l'incendio tanto presto
Visiteranno la mostra domani

5. S. **Hanno avvertito** i familiari delle vittime
   R. I familiari delle vittime **sono stati avvertiti**

Hanno interrotto il lavoro
Hanno ripreso lo sciopero
Hanno rubato i gioielli dell'attrice
Hanno chiuso il museo
Hanno già acceso le luci di città
Hanno fermato molte persone
Hanno trovato la macchina rubata
Hanno premiato la migliore interpretazione

6. S. **Chi offrirà** il ricevimento?
   R. **Da chi sarà offerto** il ricevimento?

Chi accoglierà l'attore all'aeroporto?
Quanti visiteranno la fiera di Milano?
Quanti firmeranno la lettera?
Chi arrederà l'appartamento?
Chi pubblicherà la notizia?
Chi intervisterà il presidente?
Chi pulirà l'automobile?
Quante persone lasceranno la città?

7. S. Colombo **scoprì** l'America
   R. L'America **fu scoperta** da Colombo

Il terremoto distrusse un'intera città
Dante scrisse la Divina Commedia
Molti passanti videro l'incidente
Pochi spettatori videro lo spettacolo
Molte donne amarono quel celebre attore
Tutti accettarono l'invito
Quattro gatti visitarono la mostra
Lo squillo del telefono lo svegliò

8. S. **Tutti dicono** che è molto ricco
    R. **Si dice** che sia molto ricco

Tutti dicono che è impossibile
Tutti dicono che è simpatica
Tutti dicono che è stupenda
Tutti dicono che è bellissima
Tutti dicono che è malato
Tutti dicono che è interessante
Tutti dicono che è meraviglioso
Tutti dicono che è straordinario

9. S. **La gente diceva** che era molto ricco
    R. **Si diceva** che fosse molto ricco

La gente diceva che era impossibile
La gente diceva che era simpatica
La gente diceva che era stupenda
La gente diceva che era bellissima
La gente diceva che era malato
La gente diceva che era interessante
La gente diceva che era meraviglioso
La gente diceva che era straordinario

10. S. Questo **va fatto** cosí
     R. Questo **dev'essere fatto** cosí

Il libro va letto tutto
Le leggi vanno rispettate
L'auto va guidata con prudenza
Le cose vanno dette chiaramente
La lettera va scritta a macchina
La firma va scritta a mano
Il giornale va letto tutti i giorni
La medicina va presa prima dei pasti

11. S. Fu molto gentile **quando mi presentò** al suo amico
     R. Fu molto gentile **presentandomi** al suo amico

Non pensaste ai mobili quando arredaste questa stanza
Non capii alcune parole quando sentii la sua lezione
Non tenni conto dell'ascensore, quando affittai l'appartamento
Lo salutarono affettuosamente quando lo videro triste e solo

259

Non riuscii ad aprir bocca, quando venni in Italia per la prima volta
Ci accorgemmo dell'errore, quando aprimmo le valigie
Fosti troppo severo quando rimproverasti e punisti quel tale
Non lo trovammo neppure quando gli telefonammo a casa.

12. S. **Poiché non trovava** il passaporto informò la polizia
     R. **Non trovando** il passaporto informò la polizia

Poiché non c'era posto nel ristorante entrammo nella pizzeria
Poiché non dovevamo ancora partire non chiedemmo l'orario del treno
Poiché non avevano una camera libera telefonarono ad un altro albergo
Poiché non potevo offrirgli nulla lo condussi con me al ristorante
Poiché non aveva voglia di uscire preferí restare a casa
Poiché non sapevamo che cosa fare decidemmo di andare al cinema
Poiché non voleva giocare si sedette lontano dagli altri

13. S. **Apparecchiata** la tavola, si riposò per alcuni minuti
     R. **Avendo apparecchiato** la tavola, si riposò per alcuni minuti.

Finito il lavoro, dovette rientrare a casa
Ottenuto il visto sul passaporto, partí per l'Italia
Consegnato il biglietto, ricevette la carta d'imbarco
Ricevuta la carta d'imbarco, passò nella sala d'attesa
Sentita la chiamata del suo volo, andò verso l'uscita
Raggiunto l'aereo, si sedette vicino al finestrino
Deposto il bagaglio sotto la poltrona, si mise a leggere
Letto il giornale, si addormentò

14. S[1]. Aldo telefonò: «**Oggi non posso venire** in ufficio»
     R[1]. A. telefonò **che quel giorno non poteva andare** in ufficio

     S[2]. Aldo aggiunse: «**Ieri ha avuto** la febbre»
     R[2]. A. aggiunse **che il giorno prima aveva avuto** la febbre

Aldo disse: «Oggi informo il Direttore»
Aldo disse: «Ieri sono stato a letto»
Aldo disse: «Non voglio venire a lavorare»
Aldo disse: «Oggi non ho febbre»
Aldo disse: «Oggi mi sento bene»
Aldo disse: «Ieri ho mangiato poco»
Anna disse: «Ieri non sono venuta perché Aldo stava male»
Anna disse: «Oggi l'autobus ritarda»

15. S¹. Anna disse: «**Ora non posso venire; verrò domani**»
    R¹. A. disse **che allora non poteva andare; che sarebbe andata il giorno dopo.**

    S². A. disse: «**Poco fa ha telefonato mio marito e tra poco sarà qui da me**»
    R². A. disse **che poco prima aveva telefonato suo marito e che poco dopo sarebbe stato là da lei.**

Noi dicemmo: «A quest'ora l'Università è chiusa; ci andremo domani»
Uno di loro disse: «Chi non è d'accordo con noi deve dirlo ora»
Gli risposero: «Siamo tutti d'accordo con te e domani ne avrai la prova»
L'impiegato disse: «Mi dispiace; quest'albergo è esaurito»
Il titolo diceva: «Domani finirà lo sciopero cominciato ieri»
Lui vi disse: «Ho solo queste diecimila lire; me le potete cambiare?»
Io dissi: «Se non prendo quest'aereo oggi, perderò due giorni»
Tutti ripetevano: «Questa è la verità; noi non ci possiamo far niente»

16. S¹. Maria disse: «**Non venire domani; vieni oggi**»
    R¹. M. disse **che non andassi il giorno dopo, che andassi quel giorno**

    S². Luisa domandò: «**Ha telefonato qualcuno per me questo** pomeriggio?»
    R². Luisa domandò **se avesse telefonato qualcuno per lei quel** pomeriggio

Noi dicemmo: «Questo film non c'interessa; andiamo a vederne un altro»
Il giornale diceva: «In questa pagina pubblichiamo le vostre opinioni»
Poi raccomandava: «Cercate di essere brevi nelle vostre lettere»
Il cartello invitava: «Compra oggi; questa occasione non si ripeterà»
Ci diceva sempre: «Non avere fretta e non essere impaziente»
Lei disse: «Rifà il numero di telefono; a quest'ora deve stare a casa»
Giovanni disse: «Questo è l'ultimo esercizio; cerca di farlo bene».

Appendice

CONIUGAZIONE DEI VERBI AUSILIARI

verbo **avere**

Indicativo

Presente		Passato	prossimo	Imperfetto	Trapassato	prossimo
Io	ho	ho	avuto	avevo	avevo	avuto
Tu	hai	hai	avuto	avevi	avevi	avuto
Egli	ha	ha	avuto	aveva	aveva	avuto
Noi	abbiamo	abbiamo	avuto	avevamo	avevamo	avuto
Voi	avete	avete	avuto	avevate	avevate	avuto
Essi	hanno	hanno	avuto	avẹvano	avẹvano	avuto

Passato remoto		Trapassato remoto		Futuro	Futuro	anteriore
Io	ebbi	ebbi	avuto	avrò	avrò	avuto
Tu	avesti	avesti	avuto	avrại	avrại	avuto
Egli	ebbe	ebbe	avuto	avrà	avrà	avuto
Noi	avemmo	avemmo	avuto	avremo	avremo	avuto
Voi	aveste	aveste	avuto	avrete	avrete	avuto
Essi	ẹbbero	ẹbbero	avuto	avranno	avranno	avuto

Congiuntivo

Presente		Passato		Imperfetto	Trapassato	
Che io	ạbbia	ạbbia	avuto	avessi	avessi	avuto
Che tu	ạbbia	ạbbia	avuto	avessi	avessi	avuto
Che egli	ạbbia	ạbbia	avuto	avesse	avesse	avuto
Che noi	abbiamo	abbiamo	avuto	avẹssimo	avẹssimo	avuto
Che voi	abbiate	abbiate	avuto	aveste	aveste	avuto
Che essi	ạbbiano	ạbbiano	avuto	avẹssero	avẹssero	avuto

Condizionale

Imperativo

Presente		Passato		Presente	
Io	avrẹi	avrẹi	avuto		
Tu	avresti	avresti	avuto	abbi	tu
Egli	avrebbe	avrebbe	avuto	ạbbia	egli
Noi	avremmo	avremmo	avuto	abbiamo	noi
Voi	avreste	avreste	avuto	abbiate	voi
Essi	avrẹbbero	avrẹbbero	ạvuto	ạbbiano	essi

Infinito

Presente: avere
Passato: avere avuto

Participio

Presente: avente
Passato: avuto

Gerụndio

Sẹmplice: avendo
Passato: aveṅdo avuto

Verbo essere

Indicativo

Presente		Passato	prossimo	Imperfetto	Trapassato	prossimo
Io	sono	sono	stato	ero	ero	stato
Tu	sei	sei	stato	eri	eri	stato
Egli	è	è	stato	era	era	stato
Noi	siamo	siamo	stati	eravamo	eravamo	stati
Voi	siete	siete	stati	eravate	eravate	stati
Essi	sono	sono	stati	erano	erano	stati

Passato	remoto	Trapassato	remoto	Futuro	Futuro	anteriore
Io	fui	fui	stato	sarò	sarò	stato
Tu	fosti	fosti	stato	sarai	sarai	stato
Egli	fu	fu	stato	sarà	sarà	stato
Noi	fummo	fummo	stati	saremo	saremo	stati
Voi	foste	foste	stati	sarete	sarete	stati
Essi	furono	furono	stati	saranno	saranno	stati

Congiuntivo

Presente		Passato		Imperfetto	Trapassato	
Che io	sia	sia	stato	fossi	fossi	stato
Che tu	sia	sia	stato	fossi	fossi	stato
Che egli	sia	sia	stato	fosse	fosse	stato
Che noi	siamo	siamo	stati	fossimo	fossimo	stati
Che voi	siate	siate	stati	foste	foste	stati
Che essi	siano	siano	stati	fossero	fossero	stati

Condizionale   Imperativo

	Presente	Passato		Presente	
Io	sarei	sarei	stato		
Tu	saresti	saresti	stato	sii	tu
Egli	sarebbe	sarebbe	stato	sia	egli
Noi	saremmo	saremmo	stati	siamo	noi
Voi	sareste	sareste	stati	siate	voi
Essi	sarebbero	sarebbero	stati	siano	essi

Infinito   Participio   Gerundio

Presente: essere   **Presente:** (ente - sostantivo)   **Semplice:** essendo
Passato: essere stato   **Passato:** stato,a,i,e   **Passato:** essendo stato,a,i,e

CONIUGAZIONI REGOLARI

1ª Coniugazione — *verbo* amare

Indicativo

Presente		Passato	prossimo	Imperfetto	Trapassato	prossimo
Io	amo	ho	amato	amavo	avevo	amato
Tu	ami	hai	amato	amavi	avevi	amato
Egli	ama	ha	amato	amava	aveva	amato
Noi	amiamo	abbiamo	amato	amavamo	avevamo	amato
Voi	amate	avete	amato	amavate	avevate	amato
Essi	amano	hanno	amato	amavano	avevano	amato

Passato	remoto	Trapassato	remoto	Futuro	Futuro	anteriore
Io	amai	ebbi	amato	amerò	avrò	amato
Tu	amasti	avesti	amato	amerai	avrai	amato
Egli	amò	ebbe	amato	amerà	avrà	amato
Noi	amammo	avemmo	amato	ameremo	avremo	amato
Voi	amaste	aveste	amato	amerete	avrete	amato
Essi	amarono	ebbero	amato	ameranno	avranno	amato

Congiuntivo

Presente		Passato		Imperfetto	Trapassato	
Che io	ami	abbia	amato	amassi	avessi	amato
Che tu	ami	abbia	amato	amassi	avessi	amato
Che egli	ami	abbia	amato	amasse	avesse	amato
Che noi	amiamo	abbiamo	amato	amassimo	avessimo	amato
Che voi	amiate	abbiate	amato	amaste	aveste	amato
Che essi	amino	abbiano	amato	amassero	avessero	amato

Condizionale

	Presente	Passato	
Io	amerei	avrei	amato
Tu	ameresti	avresti	amato
Egli	amerebbe	avrebbe	amato
Noi	ameremmo	avremmo	amato
Voi	amereste	avreste	amato
Essi	amerebbero	avrebbero	amato

Imperativo

Presente	
ama	tu
ami	egli
amiamo	noi
amate	voi
amino	essi

Infinito

Presente: amare
Passato: avere amato

Participio

Presente: amante
Passato: amato

Gerundio

Semplice: amando
Passato: avendo amato

2ª Coniugazione - *Verbo* **temere**

Indicativo

Presente		Passato	prossimo	Imperfetto	Trapassato	prossimo
Io	temo	ho	temuto	temevo	avevo	temuto
Tu	temi	hai	temuto	temevi	avevi	temuto
Egli	teme	ha	temuto	temeva	aveva	temuto
Noi	temiamo	abbiamo	temuto	temevamo	avevamo	temuto
Voi	temete	avete	temuto	temevate	avevate	temuto
Essi	temono	hanno	temuto	temevano	avevano	temuto

Passato	remoto	Trapassato	remoto	Futuro	Futuro	anteriore
Io	temei	ebbi	temuto	temerò	avrò	temuto
Tu	temesti	avesti	temuto	temerai	avrai	temuto
Egli	temé	ebbe	temuto	temerà	avrà	temuto
Noi	tememmo	avemmo	temuto	temeremo	avremo	temuto
Voi	temeste	aveste	temuto	temerete	avrete	temuto
Essi	temerono	ebbero	temuto	temeranno	avranno	temuto

Congiuntivo

Presente		Passato		Imperfetto	Trapassato	
Che io	tema	abbia	temuto	temessi	avessi	temuto
Che tu	tema	abbia	temuto	temessi	avessi	temuto
Che egli	tema	abbia	temuto	temesse	avesse	temuto
Che noi	temiamo	abbiamo	temuto	temessimo	avessimo	temuto
Che voi	temiate	abbiate	temuto	temeste	aveste	temuto
Che essi	temano	abbiano	temuto	temessero	avessero	temuto

Condizionale

Presente		Passato		
Io	temerei	avrei	temuto	
Tu	temeresti	avresti	temuto	
Egli	temerebbe	avrebbe	temuto	
Noi	temeremmo	avremmo	temuto	
Voi	temereste	avreste	temuto	
Essi	temerebbero	avrebbero	temuto	

Imperativo

Presente

temi	tu
tema	egli
temiamo	noi
temete	voi
temano	essi

Infinito

Presente: temere
Passato: avere temuto

Participio

Presente: temente
Passato: temuto

Gerundio

Semplice: temendo
Passato: avendo temuto

3ª Coniugazione - *Verbo* **servire**

Indicativo

Presente		Passato	prossimo	Imperfetto	Trapassato	prossimo
Io	servo	ho	servito	servivo	avevo	servito
Tu	servi	hai	servito	servivi	avevi	servito
Egli	serve	ha	servito	serviva	aveva	servito
Noi	serviamo	abbiamo	servito	servivamo	avevamo	servito
Voi	servite	avete	servito	servivate	avevate	servito
Essi	servono	hanno	servito	servivano	avevano	servito

Passato	remoto	Trapassato	remoto	Futuro	Futuro	anteriore
Io	servii	ebbi	servito	servirò	avrò	servito
Tu	servisti	avesti	servito	servirai	avrai	servito
Egli	servì	ebbe	servito	servirà	avrà	servito
Noi	servimmo	avemmo	servito	serviremo	avremo	servito
Voi	serviste	aveste	servito	servirete	avrete	servito
Essi	servirono	ebbero	servito	serviranno	avranno	servito

Congiuntivo

Presente		Passato		Imperfetto	Trapassato	
Che io	serva	abbia	servito	servissi	avessi	servito
Che tu	serva	abbia	servito	servissi	avessi	servito
Che egli	serva	abbia	servito	servisse	avesse	servito
Che noi	serviamo	abbiamo	servito	servissimo	avessimo	servito
Che voi	serviate	abbiate	servito	serviste	aveste	servito
Che essi	servano	abbiano	servito	servissero	avessero	servito

Condizionale

Presente		Passato	
Io	servirei	avrei	servito
Tu	serviresti	avresti	servito
Egli	servirebbe	avrebbe	servito
Noi	serviremmo	avremmo	servito
Voi	servireste	avreste	servito
Essi	servirebbero	avrebbero	servito

Imperativo

Presente

servi	tu
serva	egli
serviamo	noi
servite	voi
servano	essi

Infinito

Presente: servire
Passato: avere servito

Participio

Presente: servente
Passato: servito

Gerundio

Semplice: servendo
Passato: avendo servito

269

Come **servire** si coniugano i verbi: **aprire, avvertire, coprire, cucire, dormire, fuggire, nutrire, partire, seguire, sentire, vestire** e i loro composti.

La maggior parte dei verbi in **–ire** inseriscono il suffisso **–isc–** fra il tema e la desinenza non accentata del presente indicativo, del presente congiuntivo e dell'imperativo.

Verbo **capire**

Indicativo presente		Congiuntivo presente		Imperativo	
Io	cap-**isc**-o	Che io	cap-**isc**-a		
Tu	cap-**isc**-i	Che tu	cap-**isc**-a	cap-**isc**-i	tu
Egli	cap-**isc**-e	Che egli	cap-**isc**-a	cap-**isc**-a	egli
Noi	cap-iamo	Che noi	cap-iamo	cap-iamo	noi
Voi	cap-ite	Che voi	cap-iate	cap-ite	voi
Essi	cap-**isc**-ono	Che essi	cap-**isc**-ano	cap-**isc**-ano	essi

PRINCIPALI ELEMENTI GRAMMATICALI
(i numeri si riferiscono alle pagine)

INDICE

273

Verbi: presente indicativo e passato prossimo di «conoscere», «sapere», «capire», «vedere», «venire» - I pronomi personali (vedi anche pag. 112 e 116) - «Lo so - Non lo so» - «Ne».

Verbi: Il futuro semplice di «essere» e «avere» e delle tre coniugazioni regolari («arrivare», «prendere», «dormire»).
Il futuro semplice di «potere», «volere», «dovere».
Il futuro anteriore.
Il futuro di alcuni verbi irregolari (andare, dare, fare, stare, bere, cadere, rimanere, sapere, tenere, vedere, vivere, venire).
Il gerundio.

I pronomi personali diretti e indiretti.
«Ci» e «vi» (stato in luogo e moto a luogo).
I verbi riflessivi.

Verbi: «andarsene»
«Non fare altro che» + infinito
«Da» = a casa di.
La comparazione degli aggettivi:
il comparativo;
il superlativo.

Verbi: l'imperfetto indicativo di «essere» e «avere» e delle tre coniugazioni regolari («andare», «prendere», «uscire»).
L'imperfetto indicativo di alcuni verbi: bere, condurre, dire, fare, porre, tradurre.
Passato prossimo + imperfetto.
Il trapassato prossimo.

Verbi: il condizionale presente di «essere» e «avere» e delle tre coniugazioni regolari («desiderare», «prendere», «preferire»).
Il condizionale di alcuni verbi irregolari: (potere, volere, dovere, andare, dare, fare, stare, bere, cadere, rimanere, sapere, tenere, vedere, vivere, venire).
«Ci» (moto a luogo e stato in luogo).
Il condizionale passato di «essere» e «avere» e di «desiderare», «prendere», «venire».

Aggettivi e pronomi: a) dimostrativi, b) indefiniti, c) interrogativi, d) relativi.
Verbi: il passato remoto di «essere» e «avere» e delle tre coniugazioni regolari («arrivare», «credere», «partire»).
Il passato remoto di alcuni verbi irregolari: (fare, dare, stare, credere, leggere, scrivere, prendere, chiudere, rispondere, scendere, chiedere, volere, tenere, conoscere, cadere, sapere, dire, venire, vivere, nascere, piacere, salire, prendere, rompere, ridurre, vedere, piangere, nascondere, accendere, spegnere, spendere, tradurre).
Il trapassato remoto.

Verbi: il congiuntivo presente di «essere» e «avere» e delle tre coniugazioni regolari («parlare», «vedere», «partire», «finire»).
Il congiuntivo passato.
Congiuntivo presente di alcuni verbi irregolari (andare, dare, stare, fare, potere, volere, dovere, sapere, uscire, venire, rimanere, dire).
Sebbene, benché, nonostante, affinché (perché), purché e il congiuntivo.

Verbi: il congiuntivo imperfetto di «essere» e «avere» e delle tre coniugazioni regolari («restare», «scegliere», «venire», «preferire»).
Congiuntivo imperfetto di alcuni verbi irregolari (stare, dare, fare, dire, bere, condurre, trarre).
Il congiuntivo trapassato.
La concordanza dei tempi del modo congiuntivo.
Il periodo ipotetico.

Verbi: l'imperativo
L'imperativo negativo
L'imperativo con i pronomi
Alcune forme di imperativo di verbi
«dare», «dire», «fare», «andare», «stare».

La forma passiva
La forma passiva con i verbi «dovere» e «potere».
Il gerundio semplice
Il gerundio composto
Il discorso diretto e indiretto.

L'italiano per stranieri

Amato
Mondo italiano
*testi autentici sulla realtà sociale
e culturale italiana*
libro dello studente
quaderno degli esercizi

Ambroso e Stefancich
Parole
10 percorsi nel lessico italiano
esercizi guidati

Avitabile
Italian for the English-speaking

Battaglia
Grammatica italiana per stranieri

Battaglia
**Gramática italiana para estudiantes
de habla española**

Battaglia
Leggiamo e conversiamo
*letture italiane con esercizi
per la conversazione*

Battaglia e Varsi
Parole e immagini
*corso elementare di lingua italiana
per principianti*

Bettoni e Vicentini
Imparare dal vivo**
lezioni di italiano - livello avanzato
manuale per l'allievo
chiavi per gli esercizi

Buttaroni
Letteratura al naturale
*autori italiani contemporanei
con attività di analisi linguistica*

Cherubini
L'italiano per gli affari
*corso comunicativo di lingua
e cultura aziendale*

Diadori
Senza parole
100 gesti degli italiani

Gruppo META • **Uno**
*corso comunicativo di italiano per stranieri
primo livello*
libro dello studente
libro degli esercizi e sintesi di grammatica
guida per l'insegnante
3 audiocassette

Gruppo META
Due
*corso comunicativo di italiano per stranieri
secondo livello*
libro dello studente
libro degli esercizi e sintesi di grammatica
guida per l'insegnante
4 audiocassette

Gruppo NAVILE
Dire, fare, capire
l'italiano come seconda lingua
libro dello studente
guida per l'insegnante
1 audiocassetta

Humphris, Luzi Catizone, Urbani
Comunicare meglio
corso di italiano - livello intermedio-avanzato
manuale per l'allievo
manuale per l'insegnante
4 audiocassette

**Istruzioni per l'uso dell'italiano
in classe**
*88 suggerimenti didattici per attività
comunicative*

Marmini e Vicentini
Imparare dal vivo*
lezioni di italiano - livello intermedio
manuale per l'allievo
chiavi per gli esercizi

Marmini e Vicentini
Ascoltare dal vivo
manuale di ascolto - livello intermedio
quaderno dello studente
libro dell'insegnante
3 audiocassette

Radicchi e Mezzedimi
Corso di lingua italiana
livello elementare
manuale per l'allievo
1 audiocassetta

Radicchi
Corso di lingua italiana
livello intermedio

Radicchi
In Italia
modi di dire ed espressioni idiomatiche

Spagnesi
**Dizionario dell'economia
e della finanza**

Totaro e Zanardi
Quintetto italiano
approccio tematico multimediale
livello avanzato
libro dello studente
quaderno degli esercizi
2 audiocassette
1 videocassetta

Urbani
Senta, scusi...
programma di comprensione auditiva
con spunti di produzione libera orale
manuale di lavoro
1 audiocassetta

Urbani
Le forme del verbo italiano

Verri Menzel
La bottega dell'italiano
antologia di scrittori italiani del Novecento

Vicentini e Zanardi
Tanto per parlare
materiale per la conversazione
livello medio avanzato
libro dello studente
libro dell'insegnante

Bonacci editore

Classici italiani per stranieri

1. Giacomo Leopardi • **Poesie** a cura di P.E. Balboni

in preparazione:

Poeti del dolce stil novo a cura di M. Voltolina

Dante Alighieri • **Inferno** canti scelti a cura di C. Beneforti

Dante Alighieri • **Purgatorio** canti scelti a cura di C.Beneforti

Dante Alighieri • **Paradiso** canti scelti a cura di C. Beneforti

Giovanni Boccaccio • **Cinque novelle** a cura di M. Spagnesi

Niccolò Machiavelli • **Il principe** a cura di S. Maffei

Ugo Foscolo • **I sepolcri e i sonetti** a cura di M.C. Luise

Opere italiane per stranieri

La traviata a cura di E. Povellato

Dica 33

il linguaggio della medicina
libro dello studente
guida per l'insegnante
1 audiocassetta

L'arte del costruire

libro dello studente
guida per l'insegnante

Una lingua in pretura

libro dello studente
guida per l'insegnante
1 audiocassetta

I libri dell'arco

1. P.E. Balboni • *Didattica dell'italiano a stranieri*
2. P. Diadori • *L'italiano televisivo*
3. P. Micheli (cur.) • *Test d'ingresso per stranieri*

in preparazione:

Curricolo d'italiano per stranieri

Università per Stranieri di Siena - Bonacci editore

Finito di stampare nel mese di settembre 1994
dalla TIBERGRAPH s.r.l. - Città di Castello (PG)